U0958741

实现你财务自由

BE A
DIRECT SELLING
SUPERSTAR

shiwenbooks

成就巨星级销售梦想
实现你财务自由

[美] 玛丽·克里斯坦森/著　　夏 愉/译

金城出版社
GOLD WALL PRESS

图书在版编目(CIP)数据

实现你财务自由/(美) 克里斯坦森著；夏愉译. —北京：
金城出版社，2015.3
ISBN 978-7-5155-1201-3

Ⅰ.①实… Ⅱ.①克… ②夏… Ⅲ.①直销-通俗读物
Ⅳ.①F713.32-49

中国版本图书馆 CIP 数据核字(2015)第 024386 号

实现你财务自由

作　　者	[美]玛丽·克里斯坦森
译　　者	夏　愉
责任编辑	雷燕青
开　　本	880 毫米×1230 毫米　1/32
印　　张	6
字　　数	99 千字
版　　次	2015 年 3 月第 1 版　2015 年 3 月第 1 次印刷
印　　刷	三河市祥达印刷包装有限公司
书　　号	ISBN 978-7-5155-1201-3
定　　价	32.80 元

出版发行	金城出版社 北京市朝阳区广泽路 2 号院(东区)14 号楼　邮编:100102
发 行 部	(010)84254364
编 辑 部	(010)84250838
总 编 室	(010)64228516
网　　址	http://www.jccb.com.cn
电子邮箱	jinchengchuban@163.com
法律顾问	陈鹰律师事务所 (010)64970501

目录

引言

直销行业的魅力在于，你完全可以掌控自己的收入。掌控了自己的收入，你就掌控了自己的生活。做成自己的直销商务，你就能拥有一种大多数人梦寐以求的生活方式。不仅如此，你还能帮助很多人实现他们梦想的工作和生活方式。

当你的直销商务为你带来收入，一切才刚刚开始。奖金、红利、充满异国情调的旅行、豪华轿车、昂贵首饰以及税务减免等等，都是这个行业可能带给你的馈赠。你还可以和那些你喜欢或喜欢你的人们建立长久的友谊。

财富丰裕起来，你就可以拓宽自己的视域。直销就是一种个人发展的事业，你自己不成长，事业是不可能成长的。无论你代理哪种产品，无论你跟谁合作，这本书都会为你最宏大的财富计划提供实用装备。

当你走上这条路的时候，已有数百万人走在前面并成为精英，他们收获了令人喜出望外的丰厚回报。你无需另辟蹊径，因为所有你需要了解的，他们早已探索过了。你只需循着他们的脚印，大步前进就是了。

成功，在于伺机而动、当机立断，而现在，正是你打造自己直销商务的恰当时机。理由如下：

1. 拥有个人商务，始终是美国梦的一部分。不过，大多数公司的情况是：还没开始营利，巨大的成本消耗先把公司拖垮了。无论你的商号赚没赚钱，账单都会毫不迟疑地陆续飞来——从启动公司所付出的贷款利息，到各种租赁费、设施费、库存费，和维持它运营的人工费，凡此种种，不绝如缕。后来，还可能有因客户拖欠导致的亏损，或是资产遭受盗窃、设施意外损毁、设备需要更新之类不期而遇的损失或损耗。即使在经济繁荣期，这样的状况都难以承受，更不要说在萧条期了。

但你若是做直销，最大一笔初始投资是由你加盟的公司承担的，你无需动用自己的积蓄去启动它，也不用掏自己的腰包去维持它的运行。而且，居家经营模式还能占到减免税费的便宜，这样，你赚来的钱，大部分可以收归己有。

2. 21 世纪再次复苏的经济，对从业人员的需求却已完全不同往昔。那些习惯寻求安全保障的从业者，如今不得不接受这样的现实——唯一的安全保障，就是依靠自己。对任何想要自主控制个人收入的人，直销是最理想的解决方案，因为你既不会受到懒惰同事的拖累，也不存在被意外炒鱿鱼或是被强行减薪的顾虑，更用不着琢磨何时能得到上司提拔。

许多靠拼命竞争赢得资历的行业已经驱使大量天资卓越的劳动者选择自我聘用。不断新旧更替的教育行业就是一个例子。很多先前当老师的人，如今已经变成直销领域成功的领导者。他们说，教师岗位的不稳定，是他们痛下决心改行的关键因素。而且他们很快发现，他们原先的职业技能，用在直销上，丝毫不逊于在课堂上，这让他们感到由衷欣慰。

直销行业中不存在论资排辈或任何其他方面的歧视。什么时间工作、去哪儿工作以及跟谁一起工作，完全由你本人说了算。你用不着和自己讨厌的人一起做事，也不用担心有人跟你竞争晋升机会。简而言之：你的收入直接与你的工作挂钩，你做得越好，收入就越多。

3. 智能技术完全可以帮助你经营自己的生意，它们为你找到的资源，丝毫不逊于实力雄厚的大企业。大企业自会照料好它的后台运行，你可以自由自在地去前线工作，直接产生自己的利润。过去那些耗时费力的工作，比如联络客户、更新策划以及管理团队、下达指令、追踪绩效和接收信息，等等，如今统统简约到手指在按键上的动作。你随时可以了解自己的经营状况，无论你是在陪着孩子打球，还是在健身房的跑步机上运动。

4. 由于直销商是独立承包人，这个职业吸引了各种不同年龄、志趣和资历的人们。你会看到为了寻求自由和灵活而回避传统职业的青年才俊，还有厌烦玩弄办公室政治的有资历的员工。你还会看到一些职业专家尽管攀上了大公司的阶梯，却忽然意识到自己的梯子靠错了墙；还有拉家带口的母亲，需要赚取足够抚养子女的费用。

   民调数据可以解释，为何直销对女性有磁石般的吸引力。男女收入差异依然惊人，男性每赚取 1 美元，女性只能赚取 77 美分，难怪直销行业中的女性占了总人数的 80%以上。

   许多上进心很强的女性，最终都在现实面前碰了头：她们爬得越高，遭遇的歧视越强烈。同样从大学毕业十年后，同样的工作，她们的男同学能赚 1 美元，她们只能赚 69 美分。CNNMoney.com 栏目报道说，目前，全球 500 强企业中，只有 12 家聘用了女性做 CEO；而且这 500 家公司里，董事会里有女性的，也只占 16%。然而直销业没有什么性别偏向，是金子总会发光的。

5. 直销是一个灵动的行业。零售店可以直接把售货车停到街上售货，与之相比，直销还有额外的灵活性。直销员可以直接把商品送到顾客面前，无需坐等顾客光顾。对那些懒得在乏味的商场中转悠的顾客，他们可以把形形色色的产品送到顾客家里任其挑选。直销员彼此间可以互购产品，为新的商品交易会和展销会吸引更多客源。他们可以在俱乐部和行业协会里演讲，在社区里洽商更多的合同，除此之外，他们还能组织更多的活动，召集更多投资者。

6. 作为一名直销商，你在为自己经营，但未必一定亲力亲为。你的合作公司或行业代理可以为你提供任何所需的帮助，相反，你也能通过指导自己招募的员工获得极大满足。你可以用更多闲暇时光陪伴和守护那些需要你和你需要的人们，为他们做更多的事。他们的能量和热情会感染你，他们的成功会激励你向更高处攀登。

现在有超过两千家直销企业供你选择，它们的产品和服务都各具特色，它们为所有人提供做直销员的机会。

据直销协会（dsa.org）统计，美国的直销员已经超过一千五百万名；加拿大、澳大利亚以及南非等很多国家的直销员，加起来也在一百万之上；全世界的直销员总数超过了一亿。中国、中美洲、南美、欧洲的直销员数量迅速增长。很多新兴经济体创建了很多真正意义上的全球性商业机会，而你足不出户，就可利用它们带来的优势。

7. 对固定工作人员来说，不时变换工作是一种奢望，然而头脑灵光的创业者，可以在固定工作之外开创自己的直销业务。对半日工作或计时工作的人们而言，做一份直销工作，能为你带来异乎寻常的个人发挥机会。“我要朝着（直销收入）取代工资簿的方向努力”这是很多雄心勃勃的直销员心中的目标。

在美国，平均每一天都会有两万五千人签订直销代理协议，全世界每一天则有十万人签订这类协议。这个数字还在与日俱增，因为对自由、灵活工作的渴望以及家庭第一的价

> 值观，日益助长着人们对“自我聘用式工作”机会的需求。这也意味着你的机会。他们之中的每个人——大大小小的厂商——满心期盼能加入一个协作机构，有一个人——譬如你——能引领这个机构，创造辉煌的销售业绩，换回个人的丰厚收益。你组建的销售网络越是庞大，销售的产品就越多，你个人的收入也就越多。日积月累，即使最小的产品生产商，带给你的收益也不可小觑。

我喜爱直销行业的理由很多，不过，最重要的一点是，你得到的收益和回馈，完全决定于你工作的成果——你是否成功地帮助他人识别、追求并实现了他们的目标。你得到的回馈会远远胜过你的经济收益。当你登上个人经济规划的最高峰，你会激励更多人拓展自己的眼界。每一个成功的直销领导者，自然会成为一个楷模，激励那些立意改善自己生活的人们。

你做好准备，去收获行业领导者的最高回报了吗？

若想发展、引领并管理好一个长期有效益的直销商务，你需要具备三个方面的领导力，为此，你需要掌握七种重要技能（本书第三部分还有详尽介绍）。所谓三个方面的领导力是指：

1. 个人领导力
2. 团队领导力
3. 商业领导力

成功不可能是撞大运碰上的。它源于勤奋学习，并善于把学到的技能运用在工作中。

回答下面三个简单问题，你就能了解到，自己是否拥有一个优秀领导者的头脑：

我愿意努力工作吗？

我愿意勤奋学习吗？

我愿意收获自己的劳动成果吗？

假如你的答案都是肯定的，你就预先拥有了成功的资格。欢迎你走上旅途，去收获直销业的最丰硕的果实。现在就是你开启征程的时候。

第一部分

个人领导力

你创建一个行业，会改变很多人的生活。
但要先从改变你自己做起。

——玛丽·克里斯坦森

第一章

发现自己的激情

除非你有激情，否则无法激励别人。

——玛丽·克里斯坦森

直销是个人发展的事业。大多数人趋之若鹜，是因为我们想要改善自己的生活。我们当中，有些人梦想获得财务自由，因而在余下的光阴里，可以无忧无虑地去做自己真正想做的事情。还有一些人梦想周游世界；或是在随时可以滑雪的山间，拥有一座自己的小屋；或是能把自己的小孩送到最好的学校去念书。我们梦想的极限，其实只是我们想象力的极限。

无论你的梦想是在经济上、社会上、教育上还是个人情感上，你都要通过屏幕保护程序或梦想板上的图像，小心呵护它们的生机。不过，你最需要关注的还是眼前。

人们之所以退缩回各自的梦境，是因为那里没有时间的限制。缺乏紧迫感，会使人们觉得可以无限期地拖延下去，而不是今天就开始行动。这也是我们要确定具体目标的原因。

目标是我们走向梦想王国的石阶。我们每实现一个既定目标，就是向我们梦寐以求的生活方式走近了一步。然而，每个目标自身也是一个目的地，是我们短期内可以抵达的新境界，无论它可以帮助你偿付一份账单，买一条小船，外出度假，还是为你还清一份债务。不过，一项目标的规划周期最好不要超过一年。

具体目标是迫切的，迫使我们去行动，尽管中途不免会有疑问、失望或茫然。一旦事情的发展与我们的预期不符，它们带来的挫败感会成为我们的障碍。但它们也会给我们力量，让我们振作起来，重返原来的征程。

作为领导者，你需要激励众人去实现他们各自的目标，你自己先要振作才是。对既定目标满怀信心、充满热情，这是你成为优秀领导者的第一步。至于工作技能，你总是可以设法学会的。内心燃起热情之火，你才有动力攀上高峰。

当热情之火熄灭

几年前，有一家直销公司的老板遇到了困难，联系到我。他的生意做得很没起色，于是邀请我到他直销团队的年度领导者集训会上去帮他鼓舞众人的士气。

由于集训安排在有异国情调的地方，我于是兴致勃勃地去了，到了那里，我更加兴奋。做直销的好处是可以参观很多好地方，这次集训在一家豪华的度假酒店举行。

言归正传，我请所有直销领队逐一披露他们各自未来一年的规划。大多数人的规划听起来平淡无奇，很多人甚至很难为自己设定一个明确的目标。我倒是反反复复听到这样一句话："我的目标就是帮助我的团队成长起来。"

帮助他人成长，这不能算是个人规划。那只是工作计划。帮助他人实现他们的理想，只是我们完成个人计划的一种方法。帮助他人得到他们想要的东西，因而我们就收获了我们想要的东西。

每个人发言，大家都礼貌地认真倾听。坐满直销代表的大厅里了无生气、波澜不兴。

我请他们的最高层领导者讲述她憧憬的目标，一心指望她能鹤立鸡群，给大家作一个范例。孰料她说的与其他人的毫无二致："我的计划是帮助你们所有人。这也正是我在这里学到的。"

问题找到了。这位最高领导者的热情之火早已熄灭，她本人意兴阑珊，直接导致整个领导团队死气沉沉，难怪这家公司业绩平平。

对她的收入状况我略知一二。宾馆门口停着她的高级轿车，车牌上甚至镌刻着她本人的芳名。她可以到世界各地度假，费用由公司支付。这位最高领导者还拿着公司最高层享受的高额薪金。

可惜的是，她的热情已经丧失殆尽。

我追问她有什么个人规划，她只是翻来覆去表示：“老实说，我想要的东西都已经有了。我现在的目标就是帮助我的领队们提高。”

无论如何，我必须打开禁锢整个公司的那把消极、冷漠、死气沉沉的大锁。我想诱导她展现出富于个性色彩的梦想。然而，深思熟虑之后，她只是说：“我想把我们的后院翻修一下。”

听上去依然乏味，不过，这也正是我要来解决的问题。我追问道：“具体地说，你要做些什么呢？”

“是这样，我们有一处农庄式别墅，周围种了很多树。”

她的一名直销领队插话说：“这个挺有意思，”众人也点头称道。

作为直销团队的领导者，她收入颇丰，所有钱能买到的东西也都能得到。我们的讨论依然不着边际。

“跟我们说说你的后院，”我提议说。

“我们需要修饰一下那里的景观。”

“你考虑过自己想要达到什么目的吗？”

她耸耸肩说：“我想，起码清理一下，把院子扩大一些。至少让它跟整栋房子一样长。”

讨论开始有点起色了。

“听上去很不错，”我鼓励道。

接着我看到她眼里闪过第一丝光亮。“我想把那所房子的所有窗子换成法式木门，那样我们就能从房子的任何房间走进院子。

我开始在脑海里勾勒那个院落的图像，我说，“那可太美妙了。”谁不喜欢随便推开哪扇门都能享受阳光庭院的房舍呢？

她叙述着自己的梦想，眼中迸发出更多火花。

“我还想建一个室外厨房——一应俱全的那种。可以露天烧烤，还有一堆供整年娱乐的篝火……”

现在她已经目光如炬了：“还要有一个大大的料理台，所有饭菜都能在院子里准备。”

会议室的气氛活跃起来。而她已经喋喋不休，似乎谁也拦不住了。

“还要弄一个比萨饼烤炉。那样我们就能举办比萨聚餐会了。”

我也大有身临其境之感。会场上的所有人似乎也都能体会到：烤炉火热，香气缭绕，比萨饼绚丽出炉，如诗如画的生活……

“我们的团队就能在院子里聚会啦。”

会议厅里的气氛变得火热，仿佛所有人一同坠入了那个充满魔力的庭院，流连忘返，兴奋不已。

由此，我们便可归结出直销领导的第一条法则：要想成为一个富于感召力的领导者，你本人先要有激情。

我们对自己拥有的一切，必须常怀感恩之心；然而身为团队领导，却不可有须臾的满足。当你为自己的目标所激励，你的兴奋状态会感染周围很多人。领导者能调动团队的士气，是因为他们本人就心怀梦想，激情四溢。

灵感的闸门一开，人们的梦想就像洪水来临，一泻千里。这会儿，众人开始争相讲述各自的目标。有些人的发言令人不免伤感，譬如有人说，他们的家庭深陷债务，丈夫却一心想要辞去现有工作。另一些人的发言令人捧腹，譬如有些人的奋斗目标就是要做一名肆无忌惮的购物狂！

众人分享着各自的憧憬，既温馨又激动，这就为下一步的培训奠定了很好的基础。我的目标是，在那个周末，重新启动公司的发展规划。而我得到的回报是：收到了公司重返航程的好消息。

最令人快乐的事情之一，就是你能帮助他人设定目标，而后实现梦想。不过同时，你切不可丧失自己对未来的憧憬，以及为之奋斗的热情。

发现适合目标的七个步骤

这些步骤会帮助你找到一个值得你付出时间和精力去追求的目标。

第一步

选择一个令你心动的目标。过低的目标，对你、对他人都缺乏感召力。假如你制定的目标丝毫不能令你立即兴奋，那就悉心找找，直到发现能让你燃起希望之火的目标。

第二步

如果你一时想不到任何适宜的目标，那么下列问题或可为你提供一些灵感：

★ 如果我有一个梦想成真的机会，那应该是什么？

★ 如果我的信用卡上再无债务，我的生活会有何不同？

★ 我现在开的车子适合我吗？我支付得起它的费用吗？

★ 假如今天我账号上有一万美元，我会用它买什么呢？

★ 如果我获得一个机会到海外度假，我想去哪里？

★ 如果不再租房住而是拥有自己的住宅，我想要什么样的房子？

★ 如果我能改造房子里的一个房间，是哪个房间呢？

★ 现在的工作能令我开心吗？或许，我该辞退那个职位，让别人赚赚钱了？

★ 假如我能让自己家庭的梦想成真，那该是一个怎样的梦想？

★ 假如我每个星期都能额外多赚一千美元，我的生活会有多大变化？

第三步

不要把目标和策略弄混。把薪酬提到更高水平，只是一种策略，可以帮助你实现某个目标。不妨再往前想一步，你的新职位带来的薪金和红利，对你的生活将产生怎样的影响？你将用这些额外的收入做什么？

★ 开始积攒你新房的首付款？

★ 为你的孩子提供一个无需借贷的高等教育机会？

★ 改造你的房子？

★ 把你租住的房产买下来？

★ 储蓄更多的退休基金？

在你的直销团体中，一旦大家都有了充满激情的奋斗目标，你们的生意就会始终蓬勃兴旺。鼓励他们彼此分享各自的憧憬，最好的办法就是先拿出你的个人规划来让所有人分享。不妨想象一下：你坐在众人之间，告诉他们，你要争取当上直销团队的领队或主管……当然，如果人们根本不知道这个工作会带来多大好处，那些头衔或“地位”就毫无意义。如果大家能把它们与家庭旅行、给孩子增添学音乐的机会、摆脱全日工作或为成家立业积累资金等等前景联系在一起，效果就会大不一样。

第四步

应当制定这样的规则：每次定一个目标，一年为限，一次跨进一步。无论你有多少憧憬，你只能先选择一个具体目标，然后设法实现。这个目标就是你的行动指南。它指向一个明确的方向，让你始终不会偏离航线。如果你同时设定了两个终点，你的精力就会分散，最后你能达到一个目的就算幸运了。

假如你觉得很难在两个目标上取舍，或许这两个目标都不足以作为你的首要目标。你可以按照下列提示逐一检测评判，借以找出那个能带给你最大成就感的目标。

兴奋度检测：完成哪个目标，会让你得到最大满足？哪个目标会让你心跳最快？哪个目标最让你两眼放光？

逻辑检测：哪个目标更合理？假如你的目标之一是减少家庭债

务，可是又受到添置时尚春装的诱惑，你就必须分辨哪一个是头等要务。通过减少债务，你会在明年春天疯狂购物时有更多的现金。但是如果你止不住地想这些衣服，那就去买吧。如果你的心思在你的目标上，那么这个目标就是错误的。

紧迫性检测：它是否意味着一个不容错过的机会？譬如说，你的公司宣布，要安排全体成员到某处旅行，而那个目的地正是你早就向往的，它就是你应该抓住的机会。

第五步

对自己也要坦诚。过去，每当我把自己的规划告诉周围人的时候，总要先花些时间讲一个老故事。曾经有个很优秀的管理者跟我说：“我没有什么目标，”而我怀疑她只是不愿让别人知道而已。

其实她正迅速提升她的公司业务，因此我鼓动她说：“你的业绩越来越好，我知道你一定有了目标。”

她回答说：“我觉得，当众说出自己的目标，是件令人尴尬的事情。”

后来我终于鼓动她把个人目标和盘托出，其实也没什么离奇的。“我想当公司的最高领导，只是不好意思承认。”

个人目标的确属于每个人心底的欲念。假如你希望自己技压群芳，站到领奖台上享受喝彩和掌声，你大可以把这当成奋斗目标。渴望自己能被承认、被赞赏乃至被拥戴，这也是很多超级成功人士奋斗的动力。我敢肯定，我们那位想做公司老大的管理者，也一定能实现她的光荣梦想。

第六步

为自己描绘未来成功的景象。想象一下，当理想成为现实，你会有什么感觉？把奋斗目标告诉自己最关切的人们，有助于你保持昂扬的精神。

我生活中的每一部分，都是按照我的一个个目标，一步步走过来的，而且还会这样走下去。譬如，我第一年的工作目标是：赚足支付账单的钱。这个目标完成后，我才设定下一个目标：买辆新车。然后是：搬到一个更好的住区去。然后是：全家出去度假，送孩子去更好的学校，为他们未来的成功奠定更好的基础。具体目标或许会有变动，但我无法想象漫无目的的生活。这些目标伴我走过全程，无论挫折还是顺利，失败还是成功，灰心丧气还是大喜过望。

只要我们明确自己要什么，我们就能把愿望变为现实。不清楚自己要什么，我们的生命就可能浪费在无限期的等待之中。

第七步

在你为自己的目标努力奋斗之前，一定要从下面几个方面考察它们的可行性：

这个目标符合我当前的生活状况吗？

超越惰性，是个人成长的真谛；而远远超出我们能力限度的目标，就是不切实际的。

我是否准备好付诸时间和精力去完成这个目标？

憧憬是远远不够的，你必须乐于为之辛勤工作。

当你的生意越做越大，你的目标也会随之提高。你会接触到更多人，阅历也会与日俱增。当你的眼界大为扩展，几乎可以肯定的是，你会发现自己的新目标远非昔日所能想象。你今日的生活境况，也远远超出过去的设想。正因为具有这种不可预知性，我们的生活才会如此多姿多彩、动人心魄。

不过，这样的情形永远不可能出现：你会一劳永逸地让生意自动运转下去。知道自己要什么，你还必须以不懈的热情去追求它，这样你才能鼓舞其他人。当你实现了自己的梦想，你就在直销业竖立了一个真实可信的成功范例。

第二章

向着成功的方向努力

不要把憧憬当作事业规划。

——玛丽·克里斯坦森

在事业上成功，不存在折中。你或者想要成功，或者根本不想。优秀领导者既不会考虑浅尝辄止的做法，也不会把美好愿望当作实际的规划。他们在明确的目标上取得成功。

作为一个独立承包人，你有属于自己的生意，也有选择的自由。首先，你可以选择自己加盟的公司。就各方面条件而言，你和加盟公司之间越是契合，未来你的收益就可能越丰厚。因此，你应该确认，这家公司的商业规划、产品和员工是否能让你有一试身手的兴奋感。

计划

加盟一家可提供多层代理酬劳政策的公司。当你引介更多代理加盟，并协助培训和拓展新代理的业务，这种公司会给你相应的报酬。大多数公司把这叫作“代理复制”，而我更愿意把它看作“收益增值”。学会开拓自己的业务并培训更多人一起工作，会为你带来更多收入。

各公司的多层酬劳政策在细节上或有不同，但他们大多根据下面五个方面提供酬劳：

1. 你介绍到该公司的其他代理人数
2. 这些人创造的销售总额
3. 他们在你组织下活跃工作的时间
4. 他们之中有多少人可上升到多层代理的高端
5. 他们最高能攀升到多层代理的哪一层

你可以把这个多层代理酬劳政策视为自己成功的蓝图，因为它清晰地标示着你在各个代理层级上可以获取的收益，以及你为了达到某一层级所必须做的事情。

假如你有一把放大镜，用它把阳光聚焦在纸上，你就能把纸点燃。也就是说，热力高度集中，就能生成火焰。然而这项技术，需要你手上稳定的力量。假如你攥着放大镜的手不停移动或颤抖，你就无法点起火来。

商业经营亦如此理。你能把自己的时间、精力和资源投入关键的运作中，你就能创造业绩，得到回报。假如你的关注点时时变换，你的付出就很容易被浪费。你的关注和付出越是集中，你的收获就越大。

产品

你的地位、收入和回报都将取决于你经营活动的成果，因此应慎重选择一家你信赖其产品的公司。作为你最好的合作对象，它应有很好的信誉，因而你可以和更多参与者一起放心代理它的产品。围绕某种产品——无论是护肤品、服装、厨房用具，还是营养保健品——设计出一套行之有效的推销策略，才是高明的做法，譬如，把人们对时尚、珠宝、娱乐、烹调、装饰、阅读、剪报或环保的热情转化成可以产生利润的营销。

合作者

直销是一种与人打交道的工作。跟那些你喜欢、信任并尊重的人一起工作，对你的心性和职业技能的提升都有益处。

当你喜欢自己的工作，也喜欢一起工作的同事，你投身其中的就不再是一种“差事”，而更像是你自己选择的一种生活方式。

寻求适合的生意伙伴，不仅仅是简单地询问某些熟人是否乐意参与，尽管你对哪些人更适宜做生意伙伴已经有所料想。你需要那种能全身心投入工作的同事，那种和你一样对营销计划和产品富有兴趣和热忱的人。

永远不要丧失对目标的憧憬

除选择适宜的合伙人之外，最重大的选择就是承包经营本身了。承包一种直销产品，就是对你能达到某一目标的允诺，但它不包括下列自我限定的条件：

我可以先试上一把再说。

如果我能找对人，我就干。

如果经济条件好转，我就干。

如果公司改变政策，我就干。

我们的力量来自内心。你可以拒绝外在的力量左右你的命运。你可以拒绝阴暗颓废的传言对你的影响，你可以拒绝在险恶的经济形势或个人境遇面前放弃自己的梦想。

当大多数人都在等待奇迹发生，你可以创造奇迹。当大多数人等待境遇好转，你至少可以改变自身的状态。

你会犯错误。假如你从不出错，那一定是你未尽全力。

你会遭遇挑战。在沙箱里玩耍，才没有挑战。

做生意需要果敢、自律和闯劲。

有多少失误、走错多少路，都没有关系。只要你全力以赴，朝既定目标奋斗，你自会找到适合的路径。

写这本书之前，我刚刚实现了自己的一个梦想——到东非去旅行。尽管那一直是我的奋斗目标之一，我却从未把它列于人生目标的首位。它只是一个具体的目标。

我特别希望每年都能远行一次，就像大群的角马和斑马每年在坦桑尼亚的塞伦盖蒂与肯尼亚的马赛马拉之间迁徙一样。动物群体在天地间大举迁移，场面极有震撼力；它们奋力跨越水雾飞腾的马拉河的景象，更是动人心魄。

我、老公以及几个朋友，准备好远赴非洲的行装，迫不及待地想去体验这个地球上最富戏剧性的自然景象。我们聘请了最有经验的导游，以便能在他们的导引下，到达距马拉河十英里开外的地方安营扎寨，为下一步活动做好周全准备，以期最大限度确保探险的成功。

见证大群动物渡河的惊险场面，机会可遇不可求。大自然有它自己的计划。无数动物，远途跋涉而来，在水势汹涌的大河面前，也鲜有驻足迟疑的时候。它们又很容易受到惊吓，前面只要有一只动物骇然掉头，整群的动物便会轰然而动，随之奔逃而去。

第一天凌晨，在经历过两天飞行和十小时的时差变换之后，我们非常吃力地从困顿中醒来。不过，大老远跑来，岂能让时差搅扰了我们的计划，因此我们趁着黎明的微光爬上了吉普车。非洲给我们的第一个馈赠，是在睡眠不足中出发，在崎岖不平、尘土飞扬的路上颠簸，而后在大河旁苦等了几小时，没见到一只动物过河。

那天夜里，一场暴雨淹没了道路，第二天，我们只好另辟蹊径，兜了个大圈前往目的地。剧烈颠簸的车子几乎晃散了我们的骨架，终于挨到河边的时候，一大群角马早已渡河而去。

另一天清晨，我们用望远镜远眺，看到一大群动物正朝河边运动。我们急忙上车追踪过去，它们却在河边转了头，朝另一个方向走了。

每天都会有新的挑战。强风、雷雨、苍蝇、扬尘。护林员甚至封闭了一条道路，因为要保护新出生的猎豹。还有一次，我们行驶途中，一头睡眼惺忪的狮子横躺在路中央，死活不肯让道。

每一次出征都会遇到分心的趣事。我们时常和一些未曾奢望见到的动物不期而遇。一只离群的狒狒攀上树冠，四处寻找家人的踪影；一群活泼的小狮子相互嬉闹；鬼头鬼脑的土狼蹑足而行；铺天盖地的鸟群掠过我们的车顶……

每一天，都会有掠食者和它们猎物之间生生死死的戏剧在我们眼前上演。

我们经常会离开既定路途，去追踪难得一见的印度豹或美洲豹，或是去见识某个荒僻的原始部落。

我们的勇气也时常接受考验。有一天我们正在溪流中趟水，当地的象群堂皇而至，吓得我们立刻从它们的地盘上逃走。另一次，一头黑犀牛直冲我们的吉普车晃过来，我们自然不敢迎战，赶紧倒车离去。

不过，我们从未忘记到此地来的首要目的。

终于有一天，上千只角马在河边聚集，我们顿时兴奋起来。看着它们缓缓向岸边移动，我们的愿望似乎就要实现了。但几乎就在它们开始朝水中跳跃的一刹那，另一辆吉普车冲到河边，顿时把整群角马吓跑了。欣赏动物过河的机会再一次流失了。接下来的一次，河面上杀气腾腾地浮出很多鳄鱼的大嘴，吓退了另一群想要过河的动物。

往复无数次朝圣之旅，我们才捕捉到一个千载难逢的机会，见识了成千上万只动物轰然跳入大河、拼死冲向对岸的壮观场面。它值得我们此前付出的一切！

无论你的目标是什么，中途遇到的路障、岔道、迂回，都应欣然接受。应该意识到，即使是设计得最为缜密周全的计划，遇上你无法控制的因素，也有可能付之东流。任何人驶向目的地，都不可能一路绿灯。

承诺去做一件事，就意味着认可下列原则：

我要做这件事，我有资格去做，我有能力去做，而且我愿意去做。

如果结果不理想，那是因为我做得不够，或者方法不对。

我要继续努力工作、不断学习，直到实现我的目标。

在成功之前，只要我不退却，就不会失败。

直销业务，全天、半天还是业余时间去做，完全取决于你。你可以把直销工作与你的固定工作、家务劳动或照看家人的事情合理安排在一起。

假如你指望这个世界万事如意、丝毫不出差错，那你肯定会失望的。如果你能在现实的基础上努力实现自己的目标，承认哪怕最好的计划也会遇到意外，你就会坦然应对任何挑战。一旦遇上路障，你可以设法把它清除，或者绕路行进，你也可以后退几步，找到其他路径。

你无法控制一路上出现的意外，但你能控制自己如何应对那些意外，你可以控制自己坚持不懈地向自己的目标奋斗。没有坚忍持久的付出，再美妙的理想最终也只能是一场白日梦。

第三章

消除自我破坏的隐患

既不要过高估计挑战，也不要过低估计自己。

——玛丽·克里斯坦森

信任自己代理的产品、它们的生产商以及整个行业，这还不够，你还必须相信自己。

成为优秀领队所需要的全部技能，其实都写在你的DNA之中。你只需强化自己的天赋能力，消除自我破坏的想法和做法，你就能实现自己的梦想。自我怀疑，是获得最大收益的最大障碍。自我怀疑会导致自我破坏。破坏性的因素会以各种面目出现，但它们都能摧毁你的事业。

在这一章，我会罗列出最常见的自我破坏的方式。如果看完这一章，你不会脱口道："那正是我！"或者："我正是那样做的！"那你一定掌握了成功所需要的秘诀。就请你利用自己的远见卓识去帮助更多人战胜他们的谬见吧。

I. 过低估计自己

如果你根本不相信自己有成功的可能，你会找到无数理由来证明这一点：

我完全是个新手；

我年纪太小（或太老，太忙，太胆怯）；

我不喜欢自己的职业，但是薪水（和医保）很高，舍不得放弃；

我不够自信（或精明）；

我不想让别人把我看成是爱占别人便宜的人；

我孩子还太小（或需要我陪伴做运动）；

我的工作（或义务劳动）已经占我太多精力了；

我没有经验（或时间、信心）；

我只不过对那些产品感兴趣；

我学识太浅；

我干这个纯属大材小用；

这不是我想干的事。

你这样想，就等于敞开大门，让失败的阴风吹进你的心。如果你想为自己开脱，到处都能找到借口。只不过，既不做事又能赚钱的路是没有的。

我从小怀揣超凡脱俗的梦想，却也只能在现实中长大，譬如，嗜酒如命的父亲总是把他愤世嫉俗的怒气撒在我们小孩子头上。但这无法阻碍我追求自己的梦想。后来我稀里糊涂和一个年轻人结了婚，结果如何，可想而知。

我必须养家糊口，这个现实唤醒了我的责任感，我才清楚什么是自己未来的使命。

我发现，掌控自己的生活，最需要的是勇气，尽管我缺乏自信。

首先，你要告诉自己：你一定可以成功。

虽然在生意上出过很多差错，走过很多弯路，我却发现，只要我乐于工作、善于学习，我的发展就无可阻挡。我渐渐摆脱了过去不幸的羁绊，把眼界放得更长远。我认识到，过去的经历，也是一种生活的馈赠，它给了我果敢的性格、独立的意识以及丰厚的情感和理解力。

情感上的障碍会使人裹足不前，必须拿出勇气才能推开它。说不定你会有哪种必须面对的挑战。

或许你一直在追求一种由他人的期待决定的职业。

或许你的家里没有任何出人头地的人物。

或许你的朋友间没有任何人突破自我的限度。

或许你也一直贪图安稳，毫无建树。

但那都是过去，你要面对的是现在。

改变自己的生活道路，也要拿出勇气。不管你走出多远，只要它是一条错误的道路，那么现在，你就必须找到一条正确的道路。现在，就是重新开始的时候。

我选择的工作极大拓宽了我的生活，远远超过我的想象。我不仅得到了丰裕的经济收入和个性的健全成长，还给家人树立了坚强、独立的现实榜样。只要你自许可以去争取，你也一样能够成功。

II. 过高估计挑战

如果你过度夸张自己生意上可能遇到的挑战，你很可能一语成谶。生活中没有绝对保险的事。杞人忧天，只会浪费那些本应推动你向前发展的能量。

现实和感受是两回事，你把它们等同起来，就等于把自己未来发展的决定权交给了恐惧。很多人对马克·吐温的坦言耳熟能详："我多次经历艰难时世，灾难确有兑现的时候。"

恐惧令人无力。它只会让你陷于毫无意趣的固有职业，它捆缚你的手脚，让你无法去追求日新月异的事物。它让你在他人的见解和劝告下动摇，走不出得过且过的安乐窝。唯有勇气会给你力量，去追求应得的生活。

我房间的墙上贴着布里安·安德里亚斯（Brian Andreas）的一句名言："大多数人并不知道，有些天使的使命就是来警告我们，不要因贪图舒适和安逸而荒废我们的生命。"它每天都在提醒我：挑战是我成长的催化剂。不让自己接受考验，你怎能发掘自己的潜能，达到生活的更高境界？你又何从想象，那是一种怎样的生活呢？

数百万的企业家，都是创业之初豪情万丈，遇到困难就心灰意冷。通往成功的道路两旁，随处可见跌倒后爬不起来的失败者。他们发现，创业的激情远不足以支撑艰苦、漫长的奋斗。

实干家之所以不同于梦想家，在于他们有这样一些品格：果断、自律、勇往直前。

很多伟大的成就，都是在不完美的基础上创造出来的。米开朗基罗的完美石雕《大卫》，就是用一块遍体瑕疵的大理石雕刻出来的。他的名言是："我能洞见那锁在巨石深处的天使，因此我千锤万凿，直至把他放归自由。"这句话应可以鼓舞我们所有人挣脱恶念陋习的禁锢，努力变成我们期望成为的人。

你有选择任何想法的自由，那是你权利。只不过，在你执迷消极观念之前，不妨设想一下：你会因此失去多少东西？

★ 假如你原本可以让生活改天换日，你未尽全力就放弃了，岂不追悔莫及？

★ 假如你听任恐惧的摆布而裹足不前，枉费了自己与生俱来的潜能，岂不觉得可惜？

★ 假如你回过头去才发现，自己原本应该成就些什么，如今却一无所成，想来岂不汗颜？

你最该恐惧的，不应是可能遇到的障碍，你的最大恐惧应该是：有朝一日回首往事，发现错失了生命中的全部机会，皆因自己被恐惧吓倒。

经济发展是有周期的，我们所有人，既可能幸逢繁荣，也可能遭遇衰退。但是，无论是好时光还是坏时光，都一样有人成功。他们之所以成功，是因为他们让挑战锻造了自己，而另一些人，宁愿让挑战把自己压垮。与其忧心忡忡，不如鼓起勇气来大干一场，让自己有所作为。

III. 负担过重

你花在经营活动上的时间多寡，决定着你发展的快慢。整日不停地忙碌，绝对是一种自我破坏的工作方式。成功的领导者，会分辨轻重缓急，优先办理最重要的事情。应该在前线冲锋的时候，不会坐在文件堆里，更不会在网络游戏上浪掷光阴。

时间是你最宝贵的资源。如果你深陷无谓琐事的沼泽，就该想想，什么是你人生的首要目标了。如果你真想建立自己的事业，现在就要规划好作息时间，取消一些浪费时间的无益活动，譬如：

★ 列一份清单，以便弄清每天需要做的全部事情，每完成一项，勾销一项。

★ 每晚列出新的工作清单，以便第二天投入全新工作。

★ 突出最重要的任务，优先着手完成它们。

★ 把先前启动的事情做完，再去做下一件事。

★ 不要让事情堆积如山，动手去做，或委托他人去做，或者干脆勾销。

★ 不要漫无目的地把时间浪费在查看电子邮箱或在社交媒体上流连。

★ 用书面文件代替电子邮件。那样你的信息会传达得更快，而且你几乎可以肯定对方能及时看到。

★ 用电脑扫描并储存好书面文件，以便保存并随时取用。

★ 下载业务培训的语音教程，以便在出差路上、行驶途中或遛狗时，边听边练。

★ 办公环境要整洁有序。如果你的空间有多种用途，设置几个塑料文件柜，会让你的工作更有效率。

不要被无谓的电话困扰，让它成为自己的负担：

★ 尽量不用固定电话，改用移动电话。

★ 控制呼入电话数量——把你的最佳通话时段告知人们。

★ 使用呼叫者身份显示功能，以便分清通话的轻重缓急。

★ 控制自己的呼出电话，在精力集中的时候通话讨论重要的事情，一般通话选在其他时候。

★ 拨通电话之前，先想好自己要说的话。

★ 要尊重对方，先问问对方是否方便接听你的电话。

★ 结束较长时间通话之后，要向对方表示：我占用你太多时间了，请挂机。

★ 遇到想跟你闲聊的呼入者，可以下列说法避之：

很高兴听到你的声音，今天有什么我可以帮到你的？

很高兴听到你的声音，我现在有点急事要忙，我回头再给你打电话行吗？

谢谢你来电话，这件事可不可以下周再谈？

多谢你的电话。我知道你很忙，我们不如改用电邮联系吧。

个人生活的有效安排，是为个体经济腾出更多时间的最佳手段：

★ 闹钟设置最好提早 15 分钟。

★ 生活用品批量购买。

★ 选用自动账单支付方式。

★ 每次下厨房准备出两顿饭的量，下一次翻热即可。

★ 今晚做饭捎带准备好明天午餐的食物。

★ 让电视机自动录好你喜欢看的节目，以便有时间再看。

★ 动员家庭成员加入进来，请他们各自担负一份工作。为使工作具有吸引力，可以让他们挑选报偿方式，譬如，最喜欢吃的餐饭，全家外出游玩，额外的零花钱或是更多通话时间。

★ 聘请一些佣金少于你的人来分担你的工作。

★ 新年一开始，就在日历上标注好所有需要料理的生日、纪念日或特别事件。

★ 反复练习说“不”，直到你拒绝他人时不再感到愧疚、难堪或惧怕。

★ 倘若有人认为你在家工作就可以随时要求你抽出时间做其他事，你可以告诉对方：“谢谢你想着我，但我无法从工作中抽身。”

★ 倘若他们说：“可你是单干啊，”或“可你是在家里呀。”你可以回答说：“不错，我是在家单干。这也正是我必须律己守时的原因。”

不要同时承揽过多的任务，那样只能碌碌无为。同时处理众多琐事只适合做家务，对经营生意绝非良策。若想成为收益颇丰的顶级直销员，就必须做你该做的事，尽可能把大部分时间用在产生利润的活动上。

IV：准备不足

网络是直销行业的血脉。你结交的人越多，你的经营业务就拓展得越快。

人类具有本能的协作倾向。我们会自然而然地结交他人，友好往来。女人尤其喜欢交流，即使遇到素昧平生的人，不出几秒钟就能言语投机、相见恨晚。实际上我们很容易发现，任何两个陌生人站在一起，几分钟过去，彼此一言不发的情况是很少见的（当然，对站得较远的人主动搭讪，“你这双鞋子很不错”，倒是并不多见。）

然而，这里有个很大的“但是”。假如你没打算利用社区人际网络的便利条件，你大概只能坐在家里，吃着糖果，回看《最大的输家》了。

我们接近人群、搭建网络，是为了让更多人分享我们的产品、我们的代理机会以及我们的自由生意。任何时间、任何地点都存在着建立网络的机会。因此你应该让自己有所准备，随时抓住可能的机遇。外出时应随身携带代理商品的样本和产品目录，生意自会不期而遇。应随时把新联系人及其电话号码存入手机，或者开辟一个名片库，保存好每个人的姓名、电邮地址或电话号码，以便随时查询。任何时候，身上没带着产品或没有及时记下新结交者的姓名，你只会错失良机。

网络沟通的工具应设置在随时方便利用的地方。我很钦佩的一位成功的营销代表，就始终保持这样一个习惯：她无论何时出门、无论到哪里去，都要随身携带一本产品目录。在商场的收银台，她会排在最长的队列后面，细细翻看那本目录。只要有人对她看的东西感兴趣，她会立即向对方尽数提供相关信息。

她也不放过小孩子活动的任何机会，一来可以更多陪伴自己的孩子，二来可以接近更多孩子的母亲，让她们分享直销工作的机会。即使坐在看台上为参加冰球比赛的儿子助阵，她也不忘顺便让周围人传看她带来的最新产品介绍。

很多成功的直销员都会利用自己购物或外出之类的机会，把“特别推介”或“特惠答谢”卡分发给遇到的所有人。

另一位令我十分敬佩的人物是位开业医生，他会直接在接诊台上向就诊者推介各种产品，在病人的候诊区放置介绍产品的文章。他随着季节变换及时更新产品信息，譬如：冬季推介预防感冒的保健品，夏季推介防晒类护肤品。他不会勉强他的顾客，只是希望帮助前来就诊的人们保持良好的健康状态。如此这般，好运的大门时常对他敞开，医患互动之间，他顺便就赢得了新的顾客或新代理的加盟。

在我的另一本书《成为聚会策划巨星》之中，我建议各类聚会策划者为每一次聚会准备三个推介款待性产品的小组以及三个推介经营性产品的小组，让每一组人选择比较引人注目的位置，摆放产品目录和样品，随时与经过的宾客交流。设置每一个展示小组，都是一个扩大联系网络的黄金窗口。单纯靠商家的大型展销会，既需要破费注册，人际交往的机会也比较有限。

要想避免收入增益过慢或发展难以确定，对产品推介、登记造册以及货品交易等各个环节都应给予足够的时间用于思考、展示或交流。销售本身能带给你今天的收益，预约登记会带给你未来的机会，招募新成员会让你的生意发达和长远。

可见，这种经营活动的关键在于，要在适合的时间、适合的地点，找到适合的受众。假如你本人毫无准备，机会来临的时候，别人就会捷足先登了。

V. 习惯性拖延

行动迟缓拖延，恐怕是人类自我破坏行为中最具破坏力的一种。还有什么能比下列借口更便于为自己开脱的？

★ 这件事我明天（下星期、明年）再做吧。

★ 等假期过完后，我就会有更多时间了。

★ 我得等新的产品目录来了再说。

★ 我得先拿下学位再说。

★ 等孩子们回去上学，我再开始做这件事。

★ 我必须先掌握这个产品的全部相关知识。

★ 等不下雪的时候我再开始去做这件事。

生活不是可以反复重来的彩排，从你手中溜掉一天，就等于浪费了一天。没有人知道明天会带来什么，你今天迈出一小步，远胜过“明天走一万步”的打算。

如果你真的很想做成一件事，你就能想办法找到开始行动的办法，无论你今天遇到什么阻碍或挑战。只要想干，你就能立即拿起电话，哪怕你还不够自信。实际上你每天都能挤出时间做生意，因为你很清楚，永远不会有“最合适”的时间。

最终，能让你走出拖延怪圈的，是你对自己力量和缺点的认识，是拒绝让自我怀疑窃取梦想的果决。能让你开始行动的，是身体力行的工作意愿，是独立创业的挑战，是从失误中接受教益、百折不挠的意志。在出师不利的时候，你会当机立断，调整策略，尽快找到正确的路径。

如果你从不把失败列为自己的一个选项，倘若遇到阻碍，无论出于现实还是幻想，你都会设法把它们从眼前的道路上清除。

第四章

传播你的经验

再没有比讲述亲身经历更有助于展示你的产品、推广你的业务的方式了。

——玛丽·克里斯坦森

凡做产品市场推广的人都会讲故事。但是我们讲的故事与媒体广告上的不同——推销员的故事不是广告公司或公关公司制作出来的。它们是真实的人讲述的真实的故事，让大家分享的真实的生活经历。

不过，区别到此为止。我们身边有数十亿种产品或厂商与我们争夺顾客和潜在市场。

在如此拥挤的大市场上，你的故事必须能引起别人的关注和兴趣，可以吸引听众接受你的产品或激励更多人加盟你的行业。

无论你的听众是一个人还是一千人，想把故事讲好，你都需要注重下面三个方面：

1. 你的故事必须能把你和听众联系在一起；
2. 听众会进一步传播你的信息；
3. 他们会有“下一步”行动的意愿。

建立你和听众间的联系

与你的听众建立亲密友好的关系，是你推销成功的关键。你对他们了解越深，就越能够针对他们的兴趣和经验推介你的产品。如果你连对方是什么人都搞不清，很可能你会徒然浪费彼此的时间。

人们对我们友好，我们自然会热情相待。在你流露出对自己的前景和听众的生活确有兴趣之前，千万先别忙着推销。建立一对一的密切联系不难，但是面对大群受众，你就需要付出更多辛苦了。

我做演讲之前，必须先和听众亲切沟通。因为这意味着我对他们的真心关切，也有助于我唤起一种互动的气氛。

在人数不多的场合，我会邀请听众先做自我介绍。

在人数众多的集会上，了解你听众的最好办法是请他们自愿举手发言。要成功推销你的产品和行业，你至少需要了解下列信息：

★ 他们中间，有谁是外出工作的？

★ 他们中间，有谁留在家里看孩子？

★ 有谁兼顾照料职业和家务？

集会不妨以提问的方式开始："你们中间有谁是迫不及待想试用我们产品的？还有谁是因为电视上没有我们产品广告才到这儿来的？"提出这样的问题，说明你对面前的顾客没当回事。

以下是开始一次交流的更多方法：

笑容是最理想的破冰利器，可以显示你风趣的一面，有助于吸引更多听众的注意力。

遇到带小孩的母亲，最好别忘了这样说：您大概觉得我是出来全天工作的吧？实际上，我的全天工作是照料我的双胞胎儿子，所以我把这个工作叫做"完善性补偿"。

大多数全天工作者都会联想到这样一句话：我绝不会考虑回到原先的职位上去……永远不会！

人们只会跟自己喜欢的人一道工作。俗话说，傻瓜才会盲目跟风。因此，在与未来顾客、商家或市场建立密切联系的铺垫上，你花多少时间都不为过。

传播自己的信息

传播你自己的信息，最重要的是简明扼要。这个行业无需讲究辞令，找对受众才是关键。

讲述你的亲身经历，也是为了唤起听众的这样一些感想：

我也想做些这样的工作。
说不定我自己也能干这个？
我太感兴趣了，很想多了解它们。
这正是我一直希望找到的东西。
现在该是我辞去工作、变换行业的时候了。
我很乐意拥有自己的买卖。
不知道这个行业需要多少启动资金？
或许我可以用一部分时间做直销？
能额外挣些钱，真是太好了。
听上去，这是一件很好玩的工作。
我也想承揽一点业务试试运气。
真希望我的伙伴也听听这个。
我希望能有机会问几个问题。
我不知道他会不会要求我也这么干？

要想把自己的故事讲得令人心动，你需要这样一个基本模式：

我是……
可是……
于是……

这里是一些示例：

我是……我是一名注册护士，也很喜欢那个工作。

可是……可是我觉得经常倒班很受罪，尤其是冬天。

于是……于是我渐渐转到直销行业，现在全天都做这个了。

我是……我是一个医生。

可是……可是如今人们把自己的保健做得越来越好，谁也不上我的诊室来了。

于是……我开办了自己的营养品经销，帮助我的病人保持健康状态。

与其坐等人们生病后找上门来，不如建议他们健体强身，这才是件功德无量的事情。

我是……一名教师。

可是……由于我是学校最新聘入的教师，一旦学校削减开支，我绝对是第一个走人的。所以每一年我都提心吊胆，不知道是不是能保住职位。

于是……我决定为自己工作。我刚刚开始做直销，不过我觉得这个行当太有趣了，简直没有工作的感觉。而且公司的多方支持也让我倍感欣慰。

我是……我是个全职母亲，丈夫有很好的职位，我一直感到很幸运。

可是……后来他赚的钱越来越不够用了。

于是……现在我（做直销）赚的钱可以满足全家的额外开销了。今年我准备攒足全家去迪士尼游玩的费用。

如果你可以全天都做直销员，那么这样说可能效果更好：

我原是……

可是……

于是……

我原是……一名建筑公司的工程师。

可是……经济一放缓，我就跟着失业了。

于是……我开始自己独立工作。半年后，我开始后悔自己怎么没早点开始做直销。看来我真是因祸得福。原先我每天至少需要花两个小时在路上，现在我不出两分钟就可以开始工作，省下的时间可以多陪陪夫人和小孩们。

我原是……我原来就有自己的生意。我有一家发廊。

可是……维持运转确实很艰难。我一直苦于找不到能干的帮手，收入也难以为继。后来房主又提高了房租。

于是……我决定找个自己能干起来游刃有余，轻松一点的工作。我真的找到了！

你大概也能注意到，每一个故事都关乎个人生活的成长和发展。不要担心暴露自己的弱点。那些能激励我们奋斗的成功人士，也都是从逆境和挑战中走过来的。

你的网络拓展得越大，越会有更多人响应你的感召。如果你的自我介绍能做得简明扼要，你就能有更多时间与形形色色的人们交流，分享他们的经验和看法，了解他们的生活环境。

可以说，你是一名以自家为单位的实业家，你有了网络经营的设想，有了自己的团队，成员大多是与你相似的家庭妇女或退职工作者。如果你把故事的重点放在这种工作与家庭生活的结合与互补上，你下一步的事情就好办多了。

下面就来看看如何把这两方面的事情糅合起来吧：

你们或许也会好奇：到底哪一个是我真正的工作？事实上我真正的工作是做三个孩子的妈妈。不过，我成家之前是一名律师。尽管我非常喜欢留在家里照看孩子，我还是发现自己很难割舍独立的工作。我现在的工作，把那两个世界中最好的部分同时给了我。我既可以陪伴在孩子身边，又可保留一些珍贵的"自我"时间。而且，我的额外创收，让我们的家庭生活焕然一新。

最让我兴奋的是，我的团队成员多姿多彩、各具特色。他们中的一些人有固定职业，抽出业余时间做直销，赚取额外的收入；另一些人选择这个工作，以便退出原来的行业。我们彼此取长补短，每个人都带来独特的知识技能，以及各自对商业前景的见解。

上面这段自我介绍的示例，只用短短三十秒，你就描绘了一幅生动的图景——直销工作对全职母亲和全天工作者，是何等有益的补充。直销工作还可以变成一粒转变职业生涯的种子。

你可以一对一地启发、动员你的听众。你的话题越是广阔，你就越有可能得到积极的响应——看来这正是我梦寐以求的工作。

这种方式同样适用于你向人们展示某种产品。

你的推介越具有感召力，你推销的效果越好。如果你能让自己推销的产品与人们的生活产生更多联系，听众就更容易接受你的推介，购买你的商品。

我们想象一下，你正对着一大群听众推销一种高质量的烹调用具。任何喜欢烹饪的听众都会热衷于最趁手的锅碗瓢盆。没问题，你已经引起这部分听众的注意了；不过，假如你能把自己传达的信息涉及面放宽，你还能引起另一些听众的好奇，尽管他们不一定乐于在厨房里鼓捣饭菜。

你也许以为我这么做是由于我喜爱烹调。可实际上我也是不得不动手做饭。我有五个孩子，离家最近的商店在十英里开外。其实，我喜欢高档炊具的真正原因是，它们能大大简化我的家务。我买第一套煎锅的时候，它们带来的变化简直是匪夷所思，这种东西怎么没有早一点出现呢？又比如，那些可以从烤箱拿出来直接上桌的两用碟，省了我多少洗涤时间。更让我欣赏不已的是，它们还配有密封盖，剩下食物的碟可以加盖密封，直接存入冰箱！

如果你推销产品的对象愿意亲身尝试，那再好不过啦。倘若他们乐意品尝食品样本，试穿服装、试用各种小物件，闻一闻香烛，试一试装饰物挂在家里的效果，他们的体验简直就是在替你工作。

对很多产品，譬如护肤品和保健品，你推销的，实际上是一种承诺。谈论这些商品给你生活带来的变化还不够，你的故事还应该能为听众描绘出他们未来焕然一新的模样。

我先用护肤品做个示范。你的首要目标就是激励你的顾客开始考虑呵护自己的皮肤。因此你需要从皮肤的老化讲起，来一番说服力强大的雄辩。譬如：

★ 皮肤老化的状况，百分之八十都是发生过早，且可预防。

★ 阳光会使皮肤老化的速度提高八倍。这就意味着你在阳光下度过一小时，你的皮肤已经老了一天。

★ 从现在起呵护皮肤，十年之后，我们谁都不会感到后悔的。

你的下一个目标是鼓动每一个顾客产生迫不及待的购买愿望：

我每样都要买一瓶！

我现在就要跟你下订单！

只要我的钱够用，有多少种我就买多少种……而且还想看看有什么更多的推荐品种。

倘若你传播的信息诱惑力越大，越是令人难以抗拒，你的销售业绩就越好。要记住，你推销的不是什么方剂，而是重新焕发青春的容颜。

倘若你能把顾客体验的结果也纳入你的产品推介，你的信息就变得更有说服力：

我一开始也不敢相信，不过用过之后，变化真的很神奇。

我喜欢这种洁面乳与皮肤融合的感觉。

我最喜欢的是，这款晚霜让我的皮肤第二天早上感觉非常舒适。

这种沐浴乳让你有一种奢华的享受，令人爱不释手。

这款眼霜用起来简直让人上瘾。

几天内你的皮肤看上去就变得清新、明亮、娇柔了许多。

来订这款洗液的，很多都是回头客。

用过之后的效果自会证明它的神奇。

我就知道，你一定会告诉我，这是你用过的最好的一款护肤品。

在Spa养护一小时的钱，足够你用这些美妙的产品护肤一个月的。

如果你推销营养补充剂，你的推介信息至少应当面向三个听众群体：那些想要提升健康水平的人、那些想要恢复健康的人以及那些想要保持良好健康状态的人。

我参加过很多推销活动，其间，推销员大多长篇大论地讲述自己使用保健品的奇效和体会，唯独没有考虑扩大听众范畴。事实上，我们大多数人，对他人的健康问题往往缺乏关注和了解。当你过分强调自己的利用保健品恢复健康的经历，想必会失去很多全无病弱之忧的听众，因为他们感兴趣的，只是如何保持现在的良好状态。

下面这个例子，就是关于如何结合自己的经历拓宽受众范围的：

> 我一向认为自己的身体健康无忧，终于，一场大病给我敲响了警钟，我才意识到，应该开始关照自己的身体了。我相信，是这些保健品第二次给了我健康的身体。不过，我觉得这个教训适合所有人。生命太短促了，因此在身体健康的问题上，你冒不得风险。
>
> 如果你很忙碌，或者经常在半路上就餐，你就很难保证吃对东西，正如我们大多数人如今的状况。因此，摄入一些营养补充剂就很有必要。我宁愿把它看作是一种健康保险。我相信，从现在起，我们中的任何人，都不会为今天适当呵护身体而后悔的。

当你的传递的信息具有足够的冲击力，就无需再过分拘泥细节。如果你传递的信息涉及各类听众的状况，你就会吸引更多人的注意。有一名直销员曾问过我，对那些心不在焉、交头接耳的与会者，该怎么办。我的回答是：“他们很可能听得无趣，你需要搞得活跃一点了。”

永远不要对你的听众等闲视之。他们已经把自己宝贵的时间给了你，你有义务唤起他们的注意。如果你的讲述枯燥乏味，他们的精神自然会转移到别处，你的讲解就形同自说自话了。

引申到“下一步”

敢于开口讲话是远远不够的，你还必须唤起听众的兴趣，开启下一步互动的可能。假如一直是你个人统揽发言权，下一步的互动就无法实现。因此你需要让听众参与你的推介和演示过程，这样你就会估计出，谁会响应你的推销。

你可以在讲解过程中不时提出些有趣的问题。有趣的提问才会引来有趣的回答，这个互动可以向你揭示听众的个性。巧妙地把这种问答互动与你的产品联系在一起，你就能看出哪些听众可能需要你的商品。例如：

★ 假如你能换一种护肤品试试，你大概会选哪一种？

★ 假如你能改善自己食谱中的一种，那会是什么？

★ 假如你能改变自己某一方面的健康问题，你认为会是哪方面的问题？

★ 假如你想更换家里的某个房间的装饰风格，你想改变的是哪个房间？

★ 假如你应邀分享自己的一个窍门给朋友们，你会把哪一个给他们？

这些问题可以帮你探测听众对你的推销品潜在的需要或渴望：

★ 有谁正梦想着退出原来的全天公职？

★ 有谁想要一种远超现实支付能力的生活？

★ 一星期多赚 200 美元，会让你的生活有多大变化？

★ 假如能改变你工作上的一个方面，你想改变什么？

你会注意到，这些问题都是针对具体事物的。有的放矢的问题是获得反馈的捷径，也可有效避免离题过远的交流。

引人入胜的答案有助于确保下列推销成果：

★ 下订单

★ 签订自动更新服务条款

★ 预定参与产品演示或资讯活动

★ 与你会面讨论直销业务

★ 参加厂商的特别营销活动

★ 参加家庭演示或系列产品试用活动

★ 预定参与特定地点的演示活动

在每一次产品推介的最后，都要尽可能邀请听众签署各种预定单。如果你没有主动向大家提出请求，你的推销怎会有结果。

第五章

循循善诱

坐在原地，你无法学会大声宣讲。

——玛丽·克里斯坦森

每天都会有成千上万的新成员开始做直销，但其中仅有不到百分之一的人能最大限度完成自己的计划。倘若你想进入那百分之一的行列，你就必须了解他们的见解，领会他们的技巧。

首先，提高自己传达信息的能力，对你的推销结果会产生极大影响：

★ 有效宣传和推广你的产品，会引来更多更大的订单。

★ 定期为客户群提供服务，你就会赢得大量回头客，以及他们的推荐、预定以及自发的牵线搭桥。

★ 热情地展示厂商奖励，会吸引更多的预定。

★ 循循善诱地让人们分享你的业绩，会吸引更多人加入你的销售队伍。

你对新员工的激励、培训和辅导做得越好，你们的销售成果就越丰硕；你还会吸引越来越多的新成员加盟，他们的能级提升也会显著加快。

上一章，我们探讨了如何创作令人心动的产品推介词语以及个人职业转换的故事。在这一章，我会为你们提供最好的点子，以便去说服和引导更大的听众群。不要让恐惧阻碍你放声宣讲。面对大庭广众讲话，我们大多数人都会感到些许畏惧。我们都很钦佩那些能在公众面前口若悬河的雄辩家，似乎他们拥有与生俱来的魅力和感召力。俗话说："台上十分钟，台下十年功"，我们都需要反复磨炼自己的讲演技巧。你越是渴望成功，你就越乐于付出更多时间、精力来提高自己。

做直销员之前，我是一名教师，我曾指望自己在课堂上讲课的功底能用在面向公众的演讲上。但实际上那完全不是一回事。在一大群听众面前，我紧张得两腿发抖。在无数双眼睛的注视下，我结结巴巴，上句不接下句。

我永远忘不了第一次对着麦克风讲话的经历。我大声喊出一句话，立即被房间里回荡的共鸣声吓了一跳。我看见听众也被那粗粝的回声弄得一脸困惑。不过我心里清楚是怎么回事。我剧烈的心跳声似乎都能通过麦克风传遍全场。我只能拼命让自己镇定。我知道，我必须克服当众讲话的恐惧，不然我的事业只能半途而废。于是我找到了一个专门帮助我这类恐惧当众讲话者的组织。我努力改变自己的不良心理习惯，学会区分人际交流中的事实与谬误：

谬误：信息传播就是让人们分享尽可能多的信息。

事实：很多直销员都曾错误地认为，传播给听众的信息越多，他们就越容易被说服。但实际上，我们大多数人所能吸收的信息量是很小的。卓越的推销者会有所侧重，在关键的问题上给听众带来强大的冲击力，而不是把所有信息铺天盖地洒向听众。如果你能在情绪上乃至逻辑上与听众形成互动，他们自然会踊跃回应你的宣讲和演示。

谬误：信息传播的关键在于字斟句酌、出口成章。

事实：言辞只是你的朋友。能言善辩的推销员，更为注意的是收集信息，而不是散布信息。了解你的听众，这是更重要的事情。当你清楚地知道自己在对什么人讲话，你就能针对他们的需求和境况有所选择地推销你的商品。

谬误：最好的推销者必须属于活力四射型。

事实：推销的效果，与你性格的文弱或强悍无关。最重要的是你的真诚。真切的关怀永远胜过任何风格，坦诚永远胜过机巧。我最喜欢的格言之一是："做你自己。只有你是独一无二的。"这是最好的概括。不要把自己去和任何人比较。你只需努力调动自己的全部力量。

谬误：只有信心才是成功宣传的保障。

事实：尊重你的顾客，这比所谓的"信心"重要得多。我们或许都受过劣质宣传的折磨，那些人倒是显得信心十足——他们旁若无人、喋喋不休的唠叨，只会令人厌烦。你用于提高演讲质量的时间越多，你会感到惴惴不安的时候就越少。

谬误：向听众坦言自己的紧张，会收到好效果。

事实：实际上，你的听众更乐于接受你，他们希望看到你泰然自若，并能给他们带来快乐。如果你一开口就惶恐不堪，他们自然就把注意力放在担忧你的状况上，反而不去注意你讲解的内容了。让自己镇定下来的一个简单办法，就是在讲话之前先做几次缓慢的深呼吸。这样做至少能把你的注意力分散开一些。一般来说，演讲之前的过度紧张，也足以说明你有把事情做好的强烈愿望。只不过，你若能表现得驾轻就熟，你的听众也会轻松活跃起来。

谬误：如今，当众演讲的技巧已经不再重要，我们的技术自然能为我们传达相关信息。

事实：不可过度迷信电子工具而忽视了人与人交流的魔力。技术会便利你和听众的交流，但是与听众面对面的时候，还是需要你与他们交谈并相互沟通。

反复练习，方能完美

当你的营销日益增长，需要对更大听众群体演讲的机会也越来越多。应主动寻找和接受每一次宣传的机会，接受每一个群体的邀请。坐在家里，你是无法学会当众演讲的。

在大型会场演讲时，下面这三点经验有助于缓解你的紧张：

1. 准备充分
2. 预先练习
3. 适当润色

推销员，无论多么聪敏过人，多才多艺，也免不了事先准备和练习的功夫。或许你见过影视明星接受采访，在毫无准备的情况下，也会被逼问得拙嘴笨腮，狼狈不堪。如果你是一个自信的推销员，任何时候都不可把准备不足当作借口。因为听众理应得到你最好的讲解。

遵循下面这十个成功演示的经验步骤，你就可以信心十足地闪亮登场，挥洒自如了。

第一步

你开始为演讲做准备的地方，也应该是本次工作终结的地方。问一问自己，我希望我的听众产生哪些想法、怎样的感受？我讲完之后，我希望他们做些什么？你是否有意促成一系列商业运作，去实现自己长远的规划？你是否能鼓动所有促销员拓展眼界，或动员自己的团队为特定的目标努力？一旦明确了自己的努力方向，你自然知道应该如何完善自己的演讲和产品展示。

第二步

先问问自己：什么样的信息可以帮助我的听众转变心态和行为？资讯应审慎使用。顾客期待的是解决自己的具体问题，而不是听你长篇大论地讲解科学知识。

你的团队成员们也需要有明确的目标以及确保自己经营成功的手段，他们希望能把公司允诺给他们的前景变为现实。

你们的演讲应对听众形成有针对性的影响，而不是漫无边际的宣传。

第三步

黑色、白色令人一目了然，然而真正诱人的还是五彩缤纷的东西。因此你也需要让自己的宣讲、示例和介绍多姿多彩。应尽量加入奇闻轶事、引经据典、插科打诨等元素，让你的叙述妙趣横生、活灵活现。真实的个人经历是最好的，不过，只要运用得当，他人的精彩故事一样能取得奇效。尽量避免一些用滥的辞藻，譬如："最快的成长"，或"最好的质量"，等等，因为这些口头语会显示你的想象力贫乏或学养不足（甚至会令人觉得你不求上进）。你说的、做的一切都会透露你的阅历深浅。

第四步

听众只需几秒钟就能对你整个人形成初步印象，倘若你不能在开始的几分钟之内赢得他们的好感，接下来的工作就会越来越吃力。因此最好精心策划好开场白，一开始就吸引听众的全部注意，让他们全神贯注于你的讲解。具体而言，新奇有趣的故事、逻辑清晰的论述或者挑战听众智力的提问，都可作为选项。

我一向偏好轻松灵活的开场白，譬如拿现场的某件事开个玩笑，或延续前面演讲者的某个话题。这样做更容易调动听众全情投入，而不会把我的宣讲当成小贩的吆喝。不过，我一般还有备用的开场白。

假如我没有预先做好充分准备，不知会错过多少挥洒自如的美妙机会。

第五步

你的演讲和演示结束的时候，应该也是唤起听众行动欲望的时候。倘若你只是自说自话地结束讲解，听众只会茫然不知所措。演讲的结论应明白无误，不可含糊其辞。

第六步

严谨的思路是每一个伟大演讲者的秘密武器，为避免现场出现短路和问题，必须预先精心编辑自己的演讲稿。

尽最大可能把你的讲稿编写得富于说服力。你是否在一个问题上过度发挥，而使其他问题显得微不足道？你是否举例过多？你的讲稿是否开门见山？中间部分是否充实、有趣？结尾是否引人入胜，具有强大的感召力？

大多数演讲的初稿都有冗长、拉杂的倾向，尤其是整篇讲稿全部写完之后。通篇看过之后，可以把一些不必要的内容去掉，可以让重点更加突出，避免话题纷繁，扰乱听众的注意力。

第七步

一旦你对自己选择的内容感到满意，就可以列出大纲和重点，准备排练了。很多讲演者都会按照预先列好重点的字条、主题卡或者幻灯片提供的线索来宣讲，确保自己不至临场慌乱、不知所云。

这些技术手段对初学者的确很有帮助，不过，千万不要让它们束手束脚，失去演讲中应有的鲜活和灵动。经过长时间的实践和反复练习，你才能做到收发自如，赢得听众的赞许。没有比照着稿子朗读更乏味的演讲了，听众一看到你攥着稿纸上台，立刻就会感到不爽。类似地，用 PowerPoint 把种种条目和数据投影在墙上，也会让人觉得枯燥无趣。

不断利用字条上的提示来进行演说，会给人一种预先准备不足的感觉。把过多内容放到谁也没工夫细看的幻灯片上，几乎等于不尊重你的听众。你可以把需要听众保存的信息和数据预先打印好，到时发放给每一个到场者。但是，千万不要把自己搞得像一个呆板的“数据控”，只知道用统计数字和报表来搪塞听众。

要知道，谁都不是傻子，听众是不能随便忽悠的。

我从不用字条或提示卡，因为我希望随时能与听众互动交流。如果我一时语塞、忘词，我会设法绕过去。

一旦你有了信心，我强烈支持你撇开提示工具。这样做需要勇气，不过很值得一试。

第八步

我之所以敢于冒险一试，是因为我知道，即使我遗漏了什么，甚至稍有口误，听众未必听得出来。你可以提前关上房门，专心致志地假装面对观众练习一下，这样做可帮你确立自己的独特风格，并且提前消除不理想的东西。

★ 你讲话的声音是否传达出亲切和可信？

★ 你是否担心自己讲话的节奏和腔调？

★ 你讲演的语速是否过快？

★ 你会不会用适当停顿来强化效果？

★ 你是否总想把大量信息压缩到过短的时间之中？

你可以利用手机上的计时器来控制你演讲的速度和时间。提前一小会儿完成演讲是无可非议的，但如果你讲得拖沓超时，听众就难以接受了。

第九步

上场演讲之前，先要打理好自己的形象。如果上了台才感到不自信，接下来你就如临双重的噩梦。良好的自我感觉有助于演讲的挥洒自如。说起来容易，做起来难。不过，越是经常锤炼，你就能越快战胜焦虑不安。

第十步

开始演讲的时候，应展开笑颜，目光与听众交流，同时把你的故事娓娓道来。

衡量一次演讲是否有效，要看最终的结果。每次演示后，应花一些时间来评价自己的表现：

★ 我得到预期的结果了吗？

★ 我做的究竟有多好？

★ 我的演说是否平淡无趣？

★ 我的演讲是否却缺乏说服力，我的演示是否不够诱人？

★ 下一次演讲我能做得更好吗？

★ 下一次演讲是在什么时候？

你没有捷径可走。你只能充分准备，反复练习，力求完善。充分准备，反复练习，力求完善。

第六章

让更多人加盟

相信所有人，但不要依赖任何人。

——玛丽·克里斯坦森

近来，我出席了一次颁奖活动，并和获奖者们同坐一桌。向在我身旁的人表示祝贺后，我问她："你为什么选择这家公司呢？"

她回答说："我一直希望做这种工作，无论哪家邀请我，我都乐意去试试。可惜从未有谁邀请过我。现在这家公司是第一个征询我意向的，我当即决定了。"

"那我就不明白了，怎么会没人邀请你？"我问。

她一脸茫然地说："我也想知道啊。"

她也曾试着寻找各种机会，但是没有引起任何人的注意。每次投石问路，都以失望告终，她只觉得自己不受欢迎。

这个故事可以给我们三点启示。

★ 第一，如果你不抓住机会，就会被其他人抓住。

★ 第二，你也必须为每个人提供业务，不要让假设和偏见阻碍自己的道路。成功创业的团队也不是谁从社会上随意挑选来的。你不主动去问，永远不知道谁会对你感兴趣。相反，你不给对方机会展示自己的能力，你也无法了解他们究竟有多大潜力。

★ 第三，遭到回绝是很令人苦恼的。谁都不愿遭到回绝，但现实的情况是，只要你无法把机会给予某个人，你就是回绝了他。如果你非常担心受到回绝，你一定是过于关注自我了。也就是说，你的关注重点放错了地方。

但愿所有那些回绝这位优秀女性的直销员都能认识到，他们错过了怎样的机会。面对一个羞怯的请求，他们难道忘却了自己心中对回绝的恐惧？假若他们能预见到她今日成为另一公司的促销明星和团队领导，当初他们的做法是否会完全不同？

你去征询的人越多，你得到的肯定回答就越多。回绝的发生与你征询的范围有关，如果你始终没受到过回绝，你一定是过于保守了。有些招募的机会来得很容易，另一些机会则需要付出更多努力。保持乐观心态很重要，不要忘了，你不是在制造一个需求，而是去满足一个需求。

全世界每天都有成千上万人签订独立经销合同，成为直销大军的一员，你的工作就是争取让更多人和你签订合作协议。

这还只是冰山一角。上百万人都曾考虑从事这个行业，最终却半途而废；又有上百万人对直销业闻所未闻，或者从未把它当回事。可见，这个领域的潜力是惊人的。

经常主持活动

利用一切机会主持推介活动，是通向直销精英层的成长路径。但你只有坚持不懈，才能赢得这个行业。只要你真心信任自己的事业，你就会不断寻求和邀请更多人的加盟。这个事业改变了我的生活，所以，让更多人加入进来，不仅使这事业的前景更亮丽，也可以把福音带给更多人。

这一切起始于让自己处于可邂逅更多人的地点，而各种聚会和产品推介活动，就是非常适宜的场合。

很多领队告诉我，他们在聚会上往往“顾此失彼”，另一些人则表示，他们不知从何处入手。作为直销团队的领导者，他们认为自己的注意力应当转到如何帮助自己团队做好工作。但是有很多理由可以说明，这不是一个好策略。最主要的原因是：聚会和推介会恰恰是你最有可能遇到未来招募对象和潜在领导者的地方。

这些视角也有助于你进一步理解主办聚会和推介会的重要性，无论你在直销业处于哪一层的领导地位：

★ 你遇到的人越多，你能招募到新人的可能性越大。不存在另外的捷径。与人们交流，这是开拓商机的唯一途径。

★ 从每一次聚会或推介会上，你可能收获的推销利润至少是100到500美元。如果你的工作方法得当，你还能招募到新的合作伙伴。想想看，这相当于拿着酬劳去为自己征招帮手。有多少企业家是拿着薪水创业的？

★ 你在聚会上紧张有效的工作，对潜在对象的吸引，远远超过任何一天上午通过冷冰冰的电话线交谈的效果。

★ 你招收的下一个对象，有机会亲眼看到你的工作，也就是说，你顺便就向他/她演示了这一行业是如何运作的。

在主办推介活动的同时招募人才，可以说是在合适的时间、合适的地点，迎接合适的人选。因此，尽可能频繁地主办聚会、产品推介以及面对面的洽商会，是没有坏处的。把你的商机连同你的本领一起展现在人们面前，让人们自己去判断这个事业的前景，从而决定是否接受你的邀请。

直销业最大的优势就是很容易加盟。而且我们自然会接触到各行各业、形形色色的人。很多人脑子一热就加入了，另一些人出于急功近利的心态。还有一些人，只为批量购入某种产品，拿回去分销一下。有少数人是出于对某些新启动名目的好奇，才进来试一把。

并非所有人都怀有成功所必备的清晰的目标、强大的驱动力以及勤奋、自律的良好素质。

我们的推介和招募工作，也曾使应征者不是过于低估了工作的分量，就是过高估计了可能得到的回报。不过，正如我们这个行业可以轻松加盟，人们也随时可以轻松退出。在未来的发展中，你会经常看到旧人、新人如同走马灯一样来来去去。业内统计显示，平均而言，所有新加盟的直销员，在前三个月内至少会有一半离开；到第一个年终，会有五分之四的人走掉。

这是正常现象。直销行业，对任何十八岁以上的人，一律实行门户开放的政策，这是我们非常引以为傲的。尤其是当人们离开时，行业给他们带走的，一定要远远超过他们加盟时所投入的。

你若能泰然接受直销员的来来去去和他们能力的参差不齐，最终，你一定可以获得一支相对稳定的直销员团队。

你无法控制所有团队成员的所作所为，即使你竭尽全力，他们还是会按照个人意志行动。倘若你的领导力足够强大，他们或许能做得长久一些，绩效好些，不过，你唯一可以确保的只是数字。如果你希望业务开足马力，向前发展，你就必须保证充足的燃料供应。

直销永远和数字游戏有关。你拥有的分销员越多，发现未来领导者人选的机会就越多。不过这里也有一个陷阱。当你团队中最好的直销员地位上升，你的收入会随之下降，直到你构建起自己的新团队。

对主持活动的十点建议

建议 1：给招募活动留出足够的时间

在做营销和洽商安排的同时，应把同等的关注、时间和精力给予招募活动。你最好熟记并传教下列基本法则：

> 销售是我今天的收入保障，计划是我明天的收入保障，而扩大直销团队是我永远的收入保障。

对产品销售、预定和招募，应给予同等的思考、展示和交流时间。你关注什么，你的听众就会关注什么。如果你把 90%的时间放在推销商品上，把客户登记预定和招募人才的活动挤到剩下的10%的时间里，那么在当前销售额可观的情况下，你会失去更有潜力的客户资源和更多有能力的直销骨干。

每一天开始都要自问：

> 我今天要做哪些事来创造更多销售业绩？
> 我今天要做哪些事来增加更多订单？
> 我今天要做哪些事来打造更多团队精英？

每一次推销活动开始前，都要明确三个具体目标。譬如：

> 今晚之前，我要推销出500美元的商品，至少与客户签下三个订单，至少发现两个有潜力的对象。

把你的经营材料放在显眼的地方。眼睛比耳朵更有洞察力，因此要把你的经营资料分别放在袋子里，上面贴上显著的标记，以便随时查找。每次谈生意的时候，可以迅速取出相关的资料。

每次约谈客户，都要带上公司的宣传册，把它放在你与约谈对象之间的桌面上。当然，你讲话的时候，尽力不要去看它。

外出遇到众人的时候，千万不要落到这种地步：“可惜，我身上没带着公司简介！”

推介产品之余，也要花至少等量的时间推介你的直销生意。应不断更新自己传达的信息，使之新鲜有趣，从而避免遭到冷遇。

这里是具体的做法。在一个典型的推销活动中，你可能会推介5至10种产品。你可把这些产品与营销生意有机联合起来向听众介绍。

例如，你可以把这些内容融合在一起演讲：

★ 你个人的经历

★ 引导性问题

★ 有助于识别最好招募对象的简单游戏

★ 关于直销行业的信息

★ 关于如何启动直销经营的信息

★ 介绍和演示具体商品

★ 泛泛邀请听众加盟：

　　我们永远在寻找合适的人选。如果你想了解更多资讯，可以把这些宣传资料带回家。我带来的资料很多，足够每个人带回一份。

　　我无论如何要告诉大家我们目前的状况。因为当今人人都在寻找机会，而大多数人都希望在作出决定前多了解一些，因此我们每个月都要举行一次“启动你的个人商务”为主题的招商会。每次会议只不过用一小时，而且是自愿的。有兴趣的人可以告诉我，以便确保您能收到我们的邀请。

★ 直接邀请对方加盟：

　　您此前考虑过经营类似的生意么？实际上您正是我们想要寻求的那种类型的人才。

　　您有如此丰富的经验，一定能成为我们团队的骨干力量。我们很乐意帮您启动这项业务。

只要你肯动脑筋，你就不会放走任何拓展商机的机会。你可以利用每一次机会思考、演示和介绍自己的产品和经营之道。即使商机不会自动浮出，你也会自己创造机会。

关于把经营与推销融合起来的更多方法，我强烈建议你去看我的另一本书《成为聚会策划巨星》。

哪怕你本人不太擅长策划聚会，你也能在书中找到更多有效的点子。你可以从网上的分销站订购，也可以从书店买到。

建议 2：打出火花

你的大多数听众不会主动考虑直销事业。你的任务就是引导他们思考。一些人只是好奇而已，并没有多大热情。你的任务就是把这种浅淡的兴趣转变为炽热的愿望。

我比较喜欢把这个工作称为“打出火花”。每个人心中都有一团火种，是维持我们生命活力的热源。但我们大多数人心中的火焰都十分微弱，只有适当激发后才会熊熊燃烧。也就是说，你只有热衷于某件事，才会振作起来去行动。譬如你在行走的途中察觉到危险，你会立即绷紧神经，迅速规避可能的伤害。

这种本能的、情绪上的反应是很强大的。我们作出的每一个改变自己生活的决定也都遇到某些火花激发的结果。我们受到激发，才会去做事情，包括开创自己的事业。

无论你激发的火花强弱，都应在适合的情形下触及公众的兴趣点。你的目标就是激发听众的热情，以期得到下列的反应：

这件事我也可以办到。
我也想做这类事情。
或许现在就是我转换工作的时候了。
这个工作听上去对我再适合不过了。
这似乎正是我梦寐以求的职业。
只是不知道启动这个生意需要多少资金？

建议 3：分享“差距”

驱动我们发展的，不是我们既有的东西，而是我们的既有事物与我们所向往事物之间的差距。鼓励你的听众们相互交流自己的差距，你的工作就完成了一半。

要做到这一点，你可以先提出一些有趣的问题。枯燥的寻常话题不会引起任何人的兴趣，正如我们对自动导向问询的反应。试想，你应付日常生活中那些机械问答时，会过脑子吗？譬如：

> 你可好哇？——很好，谢谢。
>
> 我能帮你吗？——我只是随便看看，谢谢。
>
> 家里都好吗？——很好，你家人也都好吗？

富于趣味的问题会唤醒对方的感觉，这是平俗话语无法企及的。有趣的提问会邀来有趣的回答，它会向你透露对方丰富的个性，也会促进合作契机的形成。你的提问必须贴合对方的大致状况，当然，我这里也有一些比较喜欢的例子：

★ 假如让你改变自己工作的某一方面，你想先把那个方面换掉？

★ 假如你现在兜里有 1000 美元，你想用它做什么？

★ 假如每星期能给你加薪 100 美元，你想用它干什么？

★ 想没想过，假如你的信用卡上没负债，你的生活会有多大不同？

★ 假如你可以随便到世界上任何地方去度假，你想去哪儿？

★ 假如你竞赛夺冠得到奖品是梦寐以求的轿车，该是什么牌子的？

★ 假如能让你一家人的梦想成真，那个梦想是什么？

★ 假如能让你满足一个人的愿望，那会是什么？

★ 假如你能一夜暴富，你最先想做什么事？

★ 假如你能给这个世界带来一个变化，你希望改变什么？

请注意，这些问题应该引出一个具体答案。对方给出的答案越多就越不着调，只能使交谈变成漫无边际的闲聊。一个有趣的问题会让你清楚对方的闪火点在哪里，从而捕捉到可以深入探讨合作的契机。

你也许还会注意到，这些问题与本书开篇时我向你们提出的问题非常相似。因为它们确实是一些很有实际意义的交流。

建议 4：追随成功人士

你的成功很大程度上取决于你招募的同道们是否成功，因此你应尽可能寻找最聪敏能干的人们加盟。不要对那些貌似成功的人们敬而远之。

过去几年间我注意到，专业人才进入直销业的人数显著增长了。他们中的一些人可能是出于不得已，但越来越多的人是出于个人选择。相对于过去稳定的职业观念，当今的年轻人更看重自由、灵活的工作方式，他们追求更多机会而不是更大的安全系数。在新一代的创业者中，频繁跳槽和变换职业已经成为常态。

直销精英们的信心源于他们过往职业转换中不断增强的自信，他们相信，只要你有进取心、灵活的头脑和勤奋的工作态度，无论做什么你都能做得出类拔萃，包括打造一个成功的直销体系。

如果你遇到这样一群专业人才，我建议你以下列方式与他们交流：

> 你有如此骄人的业绩记录，我想你可以挑选任何想要的职位。那我可以问你个问题吗？你有这么多技能和经验，为什么还要为他人工作呢？何不启动一个属于自己的商务呢？

建议 5：不要亮出全部底牌

最好让客户的好奇心驱使他们迈向第二步。你的第一步工作是尽可能引起对方的兴趣，进而希望他们继续与你交流。假如你第一次就把一切和盘托出，你就打消了对方进一步来探索的动机和理由。更糟的事，对方可能不假思索地当场回绝。通常我们举棋不定的时候，最易于做出的决定就是否决。

相反，对方越是了解你，欣赏你，就越有可能加入你的团队。因此永远要留出下一步接洽的契机，可以是电话联系，咖啡店约谈，或是邀请对方到你们主办的推销活动地点去。

倘若不能把初始工作做到位，何以指望能成功招募更多的成员？

如能先一步确定对招募对象的洽谈预约，你就会大为减少对方打消加盟念头的可能，而且，在四十八小时内，对方做出决定，注册加盟的可能性也会增加，因为你为他们点燃的热望，在这段时间里还会持续延烧。

建议6：让加盟变得简便易行

所有直销员都是独立的承包商，完全自主决定何时工作以及每周多少天工作。说明这一点，较之于对具体承包责任的暗示，更容易引起招募对象的兴趣。

例如：直销的一个显著优势，就是你完全可以在从事原有职业的同时，创立一项自己的商务。一定要记得以充分理由说明，全职工作与个人商务相结合的益处：

★ 可供选择的超时工作。

★ 居家经营带来的税收减免（我的最爱）。

★ 在就业市场萎缩的时候，个人商务带来的额外收入会增大你的经济安全度。

★ 可以成为跨越不同职业的跳板。

★ 这是一个试水的机会，却没有一下子跳入深海的风险。

★ 进入一个全新的职业而无需支付再培训费用。

★ 可以带给你原有职业或缺的满足感。

★ 可以成为假期活动的有趣补充（尤其适合教师们）。

★ 可以实现免费旅行的愿望，至少每年一次（全薪休假）。

不要忘记那些打算辞退工作在家带孩子的人。成千上万的妇女都期待着变换生活方式，体验留在家里全天做主妇的感觉。直销工作恰恰可以给她们这样一个机会，既满足了在家陪伴孩子的愿望，同时又可以赚些钱补贴家用。两种收益合二为一，大部分家庭便有了需要处理的现金流问题。不过，每周举行一次而不是三次聚会，对一位刚做母亲的人更有感召力。把期望值放低，愿意接受挑战的人数才有可能增加。最成功的直销员都是从小规模的短期项目做起的，初尝成功滋味之后，他们会欣然拓展自己的经营规模。

你的顾客永远是你最好的潜在招募对象。定期为他们提供资讯服务，即可强化彼此之间的友谊，又可发现线索——在适当的时机设法动员他们进入你的直销队伍。

你可以很多方式保持与顾客的密切联系，并让他们对你的服务感到满意：

★ 向每位顾客提供两种订货方式。譬如你可以说：你可以直接从我这里订货，也可以同批发商签下订单，就像我现在做的。你更喜欢哪种方式？

★ 第二种签单方式一般很难达成。做成一笔交易的时候，可以用优惠卡（下次订购享受90%的折扣价）的方式答谢你的顾客。附加条件是30天的有效期，可为你提供再次与顾客见面的机会（你可以说：我想确认你不会错过那张优惠卡的有效期）。

★ 你可以赠送一张荣誉卡给以第二种方式订购商品的顾客，授权他们（在消费特定数量商品或金额后）享受某些免费产品。

★ 不要忽视那些签单批量购买商品的顾客。你与他们的接触越多，相处越融洽，鼓动他们自己成为分销商的机会就越多。

★ 应设法获得联系顾客的最简便方式，譬如，向对方索要手机号码或电邮地址。很少离开家的顾客不太容易接触，而且也不便以公务名义上门相扰，有了手机号或邮箱号，联系他们就不那么困难了。

★ 邀请对服务感到满意的顾客推荐更多客户，并对推荐者和被推荐者都给予奖励（譬如：下次订货享受10%的折扣，或者某种数量的奖金）。奖励顾客推荐客户，会鼓励他们更多与你交流直销业务。向被推荐的顾客提供奖励，你也由此找到一个约谈对方的理由。

★ 你还可以向顾客发送明信片，借以告知他们新产品或特惠品的信息，以及行业升级的消息。例如：您可以不再以零售价购买自己喜爱的那款产品了。成为直销代理，您就可以享受批发价。明信片很容易制作，邮递费用也不高，而且可以确保对方能看到（不像信件，它们有时根本不会被拆封）。

★ 还可以向顾客发送电邮时讯——简短、有趣、信息丰富。应让这些时讯含有更多价值。如果它们仅仅是推销广告，就没有多大意义。可在其中给顾客提供建议、消息以及某些商品的使用技巧。每封电邮应有所侧重，最多着重介绍两种商品。每封电邮都应富于感召力，鼓动客户订货、购买商品或加入直销队伍。引人注目的标题会增加客户打开邮件的机会。精炼、有趣的文字也会增加客户阅读邮件的机会。

★ 让顾客有备受尊重的感觉。邀请他们参加晚宴和产品评价活动，在推销活动之余，提供特别优惠给他们。

★ 表达对他们的感激。可以送顾客年假优待卡和新年特惠卡，感谢他们对你商务活动的支持。这是完美结束前一年并开启下一年巨大商机的最好方式。

底线是，倘若你不联络顾客，别忘了，别人会去做的。保持密切联系，是构建和维持人脉的关键。

建议 7：识别最有潜力的发展对象

对直销商务而言，你敞开的门越多，进来的人就越多。着手做产品推介之前，应尽早辨识出最有潜力的发展对象，以便更有侧重地开展动员工作。

招募直销员的工作有点像牵媒拉线。这就是说，要找到最适合你商务的人选，也可以说，你的商务也最适合他们。一旦你了解到谁会对此最感兴趣，你就会知道要去做谁的工作以及如何去做了。

我遇见过数以万计的直销员，因此我可以根据自己的经验告诉你一些线索。哪一类人最有可能进入直销行业，这取决于人们过去的背景、技能、经验、文化程度、工作经历、生活境况以及个人志趣。事实上，这些人中的 90%都涉及下列群体中的一类或多类。

★ 家庭妇女

★ 聚会上的宾客

★ 当前的顾客

★ 教师
★ 艺术家，创造性人才
★ 护士
★ 工程师
★ 做过拉拉队长的人
★ 做过直销员的人
★ 母亲们（90%的直销员都是女性）

我的那本《成为网罗人才巨星》，就是我对人们进入直销业前后行为方式加以研究的结果。其中就有帮你辨认未来最可能人选的特点，你可以参照它们列出那些人选的购物清单。这份清单会告诉你，为什么那些人最有可能加盟，你也就明白自己应该从何入手去促动他们的加盟。

你应时时提醒自己注意：

谁会对我的商务感兴趣？
他们为什么会有兴趣？

无论你打算去动员谁，一定不要忘记说这句话："我之所以要跟您谈，是由于……"下面是针对几个不同顾客的介入方式：

对你看重的人……我对您十分钦佩。

对风姿卓越的顾客……你的样子总是那么迷人。我真想把你介绍到我所有的聚会上去为我压阵。

对那些受益于护肤品的人……你的经验大可为其他人借鉴。很多人都不知道如何选用最适合自己的护肤品。

对那些热情友好的顾客……每次给您打电话都感到很愉快。您是我最珍爱的顾客之一，我很想有机会和您一起工作。

对聚会主人……您的聚会做得太成功了，如此高朋满座，我想，您天生就是一个能广结善缘的人物。

对亲近的朋友或兄弟姐妹……我们一起工作，一定非常快乐。

倘若你对如何动员亲朋好友没有把握，下面的故事或许能带给你一些提示：有一次，我在巡游的海船上做招商代表。其间，有位直销员把我介绍给她的高级顾问，她这样说："这是我的姐妹丽莎。我一年前招募她加盟的。现在我们住在一间包厢里。一起工作带来的最大好处就是，我们比此前任何时候都更加亲密无间。"

你无法控制他人如何做决定，但你能控制自己去主动接触多少人，以及如何推介自己的商务。

建议 8：为对方提供难以回绝的好处

很少有人知道，他们从加盟的公司得到的价值总会远远超过自己投入的价值。仅此一项，足以使直销在所有行业中卓尔不群。譬如，很多行业都需要大笔资金投入，而且还要承担所有风险。我相信，如果大家充分理解直销业带给他们的价值，一定会有更多人欣然加盟。

下面的叙述，就是向人们阐释这个工作机会会带来怎样的价值：

我们先谈谈启动一个直销项目需要多少成本吧。我不清楚它们的具体数字，但大致不超几千美元吧。不过这里有个好消息。你根本用不着支付这笔钱。你开户需要投入的全部资金也就是……其中包括价值为……的产品，足够你第一个月推销的。

公司以最简捷的手续吸收你加盟，然后从第一天起，就会为你提供最好的培训和支持。这就意味着你生意开张的时候不会有什么风险，退出时也不会有什么损失（尽管我想这种可能性不大，因为我们工作中的乐趣太多了)。而且，你甚至可以留下那些产品。

如此，在介绍加盟价值的时候，你还应强调可向对方提供的各种难以置信的机会。

建议9：真诚的恭维，有助于良好意愿的生成

让对方对你的商务产生好感的办法之一是：让他们拥有良好的自我感觉。你可以参照下列交流方式：

我很想跟你一起工作。

你正是我们一直苦苦寻找的那个人。

我们是一个快乐的小组，正适合你这样的人加入。

和你一起工作一定会很快乐。你总是那么乐观、开朗。

您可知道，您是我最好的顾客之一？您一定会成为最好的咨询顾问。

你的聚会是这个月办得最好的，我很想让你加入我们的团队。

你会发现，你慷慨地送上溢美之词，对方即使没有当即应允，至少会感到你的好意。为了消除双方的尴尬，你还可以宽厚地说一句：没关系，也不是所有人都喜欢这种生意。我只是很向往与你一起工作。不过，若是我能多说一句的话，你就会知道，这完全是一个属于你个人的生意。

如果你遭到回绝，不要与对方争辩。慨然接受就是了。如果对方说：“我只是觉得自己不是做生意的料”，你可以回答说：“你绝对没问题的。你只不过还不清楚其中的技巧。”

宽厚地接受对方的回绝，可以显示出你对顾客的真心关切。倘若对方说："我怎么看也不觉得自己能成为一个生意人"，你可以说："我同意你的看法，你对做生意确实还没有概念。你想知道我为什么询问你的意向吗？因为，一眼看上去，我就觉得你很温和，人们更喜欢与温和的人打交道，大多不喜欢那种咄咄逼人的推销方式。

如果你能坦诚地与对方沟通，关切他们的问题，那么无论结果怎样，对方至少会觉得你是一个职业素养很高的人。下次再打电话过去，他们一定乐于听到你的声音。

建议 10：永远不要怕遭到回绝

遭到回绝，是你从顾客当中寻找热心、活跃人选过程中难以避免的事情。不一定谁都认为你提供给他们的是一个美妙的机会。你必须多接触一些人才行。

想象这样一个情形：你招呼的第一个人形色匆忙。第二个人对你说的事情不感兴趣。第三个人同意了，却在最后时刻改了主意。如果你止步于这三个人，这次招募就无果而终。但如果你接着去询问第四人你应振作精神，相信自己距成功仅一步之遥，下一次说不定就能招募到适合的人才。

不要让害怕遭到回绝的心理影响了你的事业发展。尽可能厘清自己究竟惧怕什么，然后设法排除这种因素。对我们大多数人来说，害怕的不是开口询问，也不是明确的拒绝，而是遭到回绝后怎么下台阶。这也是很多直销员言辞不当，永久性吓跑对方的原因。譬如："如果你什么时候改了主意，到这儿找我！"多吓人。

我自己设计了一个简单的技巧，以便在不流失顾客、朋友或聚会主人的前提下从尴尬中全身而退。譬如，有人回绝了我的邀请，我会笑笑说："我相信，你这样的人，走到哪儿都会有人邀请你的。"

这是个友好评论，会让对方感到快意，而我的自信也不会受损。

请记住：必然导致招募失败的方法只有一个，那就是根本不肯开口去探问。

第七章

示范作用

你的团队会照你做的做，而不是照你说的做。

——玛丽·克里斯坦森

你的直销生意会带给你很多好处，更重要的是，你可以自主掌控经济收入，生活方式和个人命运。同时它也赋予你很多责任。成为批发商的销售楷模，你就更多了一份责任。

在你的同道中，每个人都是带着各自的经验、背景、才智和长项加盟直销团队的。他们也有一个共同点：他们需要一个能践行自己诺言的领队。

身为直销团队的领队，你既是支柱、拉拉队长，也是这些自愿加入者的业务指导。大公司的CEO是通过组织机构统驭所有属下，而你只能通过发挥影响力来领导自己的团队。

★ 有影响力的领导者能激发其他人的潜力以争取做得最好。

★ 有影响力的领导者会向所有人传播自己对事业的信心。他们知道自己越强，团队成员的疑虑就会越弱。

★ 有影响力的领导者是在前方打拼的楷模。他们了解自己的批发商是独立营销者，不会规定他们的工作方式。他们只能控制自己为独立承包者做出怎样的示范。

★ 有影响力的领导者会首先努力接近自我承诺的目标，即：直销工作会让普通人过上非同寻常的生活。这就传递出一个信息：既然我能做到这些，那么你也一定能做到。才华出众的领导者更应注意动员方式，不能给大家一种错觉，似乎只有智力超群的人才能成功。

★ 有影响力的领导者知道，他们所做的任何事都会对自己的组织产生影响。他们每天都会问自己：假如我团队中的每个人都像我这样做事，我们的商务会发展成什么样子？

★ 综上所述，有影响力的领导者是现实主义者，他们懂得，最好的领导艺术就是让自身成为引人注目的样板——你只要去做，就会业绩非凡。

把自己的时间、经历和资源集中投放在创造性活动中，定会对你的商务产生全方位的影响。你的团队成员自然会仿效你的做法。如果你努力不够，或做的是错事，你的团队成员照做了，就等于把你的失误放大很多倍。你做一件事，不能指望你的团队成员去做另一件事。

当你的同道们取得了进展，应向他们表示祝贺。你能到达这一步，是你的努力取得了成效。千万不要懈怠。很多受到提升的领导者，过于满足现状，改变了自己安排时间、精力的方向。这是一个巨大的判断失误。要让自己的事业继续发展，你只能比先前付出更多的努力。

倘若你的事业停滞不前，一定要尽快调整自己的行为方式。重新评估自己工作的技巧和习惯，找到自己的欠缺之处。在强化自己长项的同时，尽量减少自己的弱点也同样重要。因为“千里之堤，溃于蚁穴”。

如果你新任领队或有志于此，在“上任”之前就要好好装备自己的头脑。你希望自己的团队未来发展成什么样？不妨假定你所领导的就是一个庞大的正规机构，首先你就要为它设计出一套合理的运行规范。

事业一启动，你就要全身心投入到它的运作之中去。你投入的时间越多，你获得进展就越快。不要一味把时间用在“管理”或“计划”上，你应着手实干，把时间用在构建网络、推介产品、面对面动员、电话联络以及通过社交媒体传播资讯上。

试想，你做的哪件事会是徒劳的呢？今天走出的一小步，远胜于你明天要走的一万步的宏愿。

首先把注意力集中到最重要的事情上。我们都知道，并非所有事都令人感兴趣。成功恰恰源于人们不畏艰难的勇气。慨然去做所有必要的事情，无论自己喜欢还是不喜欢，你才有成功的可能。

你不应总是疑惑“这个买卖能成吗？”，相反，你应当自问的是：“我是不是该去做这件事？”唯有勤奋能带给你丰厚的收入。我们大多数人都需吃力地在工作、家庭以及其他活动上寻求平衡，因而我们必须随时确定哪些是最紧要的事情，并且学会守时、自律。你没有时间为所欲为，不要把时间浪费在无谓的事情上。集中精力加上严格自律，就等于成功。

每个有进取心的领导者，也应从全部时间中划出一半，做自己的事情。我希望做一个称职的母亲，同时我又想能给他们带来强大的经济支撑。我理清了自己必须优先处理的事情之后，反而发现自己安排时间变得很轻松，因为我会理智地排除那些无关紧要的事情。

你只有清楚自己想要什么，才能知道自己该去做什么。

参考下列步骤，为你的团队成员竖立榜样

第一步

专门设置一份日历，用于你的直销业务。我建议你使用那种每月一篇的日程表式日历。倘若不区分商务安排和生活安排，你每天的生活都会混乱不堪，甚至遗漏或错过最重要的事情。

分别设置两份日历，你就随时能清楚自己的日程安排，不至被动地在个人、家庭和社会工作中疲于奔命。

第二步

清晰列出推销内容和招募对象，会帮助你尽快实现自己的目标。如果你已经瞄准三十名潜在的分销员，把他们的名字编号列在日程表上，并及时标出已经签约的人员。签约者名单越来越长，你的动力也会越来越大。

如果你的目标是领导层级的晋升或获得更大回报，可以把它分解成以星期为单位的目标，以便在日历上直观地看到自己的工作进展。瞄一眼日历，你立即就能明白自己是否需要调整工作节奏。

第三步

尽可能把工作安排得有规律。严格按照时间安排做事，好习惯会日渐根深蒂固。每一个成功的领导者都有始终如一的耐力和坚持不懈的精神。如果你能让家人了解你的目标，分享你的成就，一定也会得到他们的大力支持。

每星期安排两次集会（假设每次邀请十位宾客）或产品推介(假设每次向十名顾客演示)，一年下来，就可能签下一千个新的合约。相关行业统计显示，每五名受邀顾客中，至少有一名会加入直销队伍。因此几乎可以肯定，你一年至少能招募二十名新成员。

如果你打算每天拨通十个业务联系电话，你要坚持每天这样做，直到你完成自己的计划。每天打出十个电话（总计大约一小时在线时间)，五十个星期下来，每年你打出的电话就是 2500 个。

对我本人来说，最大的挑战就是打电话，因此我想出了一个小窍门。我每天早上把十个小手镯戴在左手腕上，每打通一个电话，就把一只手镯从左手腕取下戴到右手腕上。如此一来，我的注意力就被转移到主动打电话，而不是忧虑或畏惧打电话了，而我的业绩也因此有了长足进展。你不妨想象一下，如果你的团队成员都能每天打出十个电话，你们的生意会是什么样子。

另外，你应努力争取更多的顾客。应真诚地关心他们。顾客流失的首要原因就是服务不能做到始终如一。要记住，你的收入是建立在销售量基础上的，而你的顾客才是你最大的资产。为顾客服务，是你同时获得财源和人缘的黄金机会。

倘若你也需要一点小把戏，以便每天哄着自己打出十个电话，你可以试着在每天早上把十份订单放在你的电话旁或案头。每次你看到它们，你就想起拨打一个服务电话，譬如：

> 我正要下订单，您最喜欢的夹馅面包本周有特价。您是否愿意让我帮您下个订单，订两袋这样的面包？
>
> 我们刚刚发布了一款新的能量棒，本周下订单的顾客，每人可以得到一瓶免费样本试用。我这里还剩二十个名额，我想确定您不至错过这个机会。您的蛋白质粉恐怕也快喝完了，我是不是帮您再预定一箱？
>
> 您的家人没有受到最近这场流感的滋扰吧？到现在为止我们还算幸运，可是我儿子班上的同学大多都传染上了。每天早晨，我都会给全家人补充维生素，直到这场流行病过去。我猜您可能也想这么做。您愿意我今天为您下个订单吗？
>
> 本公司刚刚添加三款带签名的收藏手镯。其中一只通体刻有“你”的字样。我会用电邮把它的图片发送给您，下午我会再打来电话，看看您是否像我猜的一样，非常喜欢它。它们都不属于寻常类型。我们手上这几件也快要断货了。
>
> 好消息！公司刚刚宣布，本月我们销路最好的香块，可有买二送一的优惠。我们很希望大家多买，因此我专门提醒我们的所有顾客，确保大家不要错过优惠期。您感兴趣吗？一次订购两块。一般来说，我们推销的产品很少有这么大的优惠。我进了一批货，因为把它们作为礼物送人，

会很不错呦！

第四步

展示成功。你推销的是财务自由。如果你看上去像一个快乐的成功人士，你会发现自己很容易吸引一帮能干的人士加盟。

肢体语言是最强有力的信息之一。要用优雅的姿态、舒展的笑容以及亲和的眼神来展示你的自信。

服饰一定要给人好印象。你不需要花很多钱去追时髦，但是过于落伍或不合身的衣装会给你的成功姿态减色。无论你选择搭配巧妙的休闲装还是商务正装，最重要的是整洁得体，无可挑剔。

第五步

传达清晰、连贯的信息。如果你连自己代理的业务都说不清楚，怎么动员他人参与？

信息沟通是双向交流的过程。口若悬河、循循善诱是不够的。你还必须是一个很好的倾听者。对方说话的时候，你应全神贯注倾听，不可因周围的事情分神。下列做法有助于产生更好的交流成果：

★ 与顾客交谈的时候，关闭自己的手机。

★ 让对方感到你对他/她的叙述真的很感兴趣。

★ 不要打断对方的谈话。一边听对方说话，一边在心里策划如何回应对方，这就和随意打断对方谈话一样不可取。这两种做法就等于向对方暗示：你对人家根本不感兴趣，至少心不在焉。

★ 与人交谈的时候，应笃定地注视对方的眼睛。如果你不时移开目光、上下打量对方或表现得似乎想从对方的言谈举止中捕捉人家的意图，就会让人觉得你缺乏交流的诚意。

★ 应主动邀请和欢迎对方的回应和提问。

★ 设法唤起对方的好奇。

第六步

亲身示范。直销领导者无疑应给众人这样一种印象：你相信自己推销的产品，你本人就是它们最好的消费者。你的家庭应成为这些产品的独占领地，你的产品形同你的名片。你本人越是多消费那些产品，你赢得的信任就越多。

★ 假设你推销的是美容产品，你是不是应该容光焕发？

★ 假设你推销的是服装和饰品，你穿上去是不是合身、得体？你戴的饰物是否具有诱人的魅力？

★ 假设你的产品承诺能帮人减肥，你本人是否能拿出使用该产品前后的照片以供对比呢？如果你正在一步步取得成效，你是否能说得出令人鼓舞的个人体验？

★ 假设你推销的是各式蜡烛，你家里会不会经常在夜晚透出温馨的烛光？

★ 倘若你推销的是烹调用具或休闲产品，你是否能让大家分享你相关的烹饪食谱，或者能在家里举办主题聚餐，让亲朋好友体验那些产品的美妙？

直销领导者应充分利用一切机会展示自己对推销产品的信赖。随时、随地都应该把产品介绍、产品目录、样本、宣传册和名片带在身边。急需时才想起到手袋或车厢里乱翻，无疑会给人一种外行的感觉。

直销领导者还应随时表现出对自己加盟企业的信任，譬如：热心支持和贯彻该公司的计划和政策。他们应当带头参与公司举办的各种活动，包括出席全国联销会议和业界代表会议。

领导者应随时可见——无论站在讲台上演讲还是倾听别人谈话。在各种集会上他们应当坐在头排，显示对台上讲话者的支持。对任何上台讲话的人，无论是不是自己的团队成员，都要给予掌声支持。好的领导者从来不会在别人演讲或接受掌声祝贺的时候擅自退场。

响应公司提出的每一个激励政策，争取并验证直销带来的收益和奖励。譬如公司推出一项以赞助旅游为奖励的绩效政策，直销领队首先应热情响应，努力争取。他们应该最先表态：我要去。谁乐意随我一起去？

领导者应通过网络展示自己对本行业的信心，与同道们分享心得。对那些推销弱势产品的直销员也应给予支持和鼓励。

领导者应在所有前沿发散出明确的、持续性的信息，让所有团队成员清楚努力的方向。如果你传递出的信息前后不一致，甚至自相矛盾，属下就会因困惑而不知所措。

底线是：你做得越好，你属下的直销员就做得越好，你们的直销事业就越成功。有什么样的领导者，就有什么样的团队。领导者的风范直接影响着整个团队的风范。

第二部分

团队领导力

作为一名团队领导，你能收获的最大褒奖，就是得知自己促成了他人的成功。

——玛丽·克里斯坦森

第八章

发现他们的燃点

帮助他人实现梦想，你的梦想便得以实现。

——玛丽·克里斯坦森

征召新成员的时候一定要铺上红地毯。新成员会为你的团队注入鲜活的生命力，同时还会带来无限的潜力。你面临的挑战是，如何把所有的潜力调动起来，变成商业运作的巨大能量。

直销联盟做过这样一些客观的统计：

半数的直销员会在加盟的前三个月里退出；五分之四的直销员会在第一年之内退出。

如此之高的退出率，部分原因确实超出我们的可控范围，然而，缺乏经验、缺乏热情或缺乏正确引导，也是关键因素。若能排除这些因素，你就能获得巨大的回报。

欢迎加盟的新成员

你在自己的团队成员中建立起来的影响力，会奠定你们未来相互关系的发展走向。

一旦与任何招募对象签约成功，都应立刻安排欢迎对方加盟的会面。你们彼此之间的业务关系就此开始，因此这是不可忽略的一个重要环节，即便对方是你认识或熟悉的任何人。

这种会谈具有双重意义：

★ 有助于你了解新成员的个性、生活方式、生存环境和个人志趣，便于日后有针对性地予以帮助和支持。

★ 借机发现那些可能成为对方工作动力的年度目标。

那么，你的交流应该如何开始呢？

> 祝贺你开启了自己的商务。你能加入我们的直销团队，这让我兴奋不已。我期待着尽快和你一起工作。我希望我们会有更多时间在一起。今天就是我们彼此了解的开始，我也很想知道你对自己的生意有怎样的期许。

这个会面应当成为一次恳谈而不能搞得像调查问讯。不过，你提出的问题越是清晰明确，你就越能透彻了解新成员的个人意愿和全面状况。譬如，你可以向对方提问：

★ 您在这个地方住了多久了？

★ 房子是您自己的还是租住的？

★ 此前您是从哪里搬到这里来的？

★ 您结婚了吗？

★ 你们两人一起生活了多少年？

★ 你们的下一个纪念日是几月几号？

★ 你们夫妇有几个孩子？

★ 他们叫什么名字？

★ 他们多大了？

★ 还有其他亲戚住在附近吗？

★ 你们全家最喜欢一起做的事情是什么？

★ 除此您还有什么爱好？

★ 您采用什么方式消闲？

★ 您的生日是哪天？

★ 除此之外，您还有其他的工作吗？

★ 您全天工作还是半天工作？

★ 您的职务是永久性的吗？

★ 您爱人是做什么工作的？

★ 此前您有过自己的生意吗？

★ 此前您做过直销吗？

★ 有人邀请过您加盟吗？

★ 您觉得这次有何不同以往的？

★ 您开办个人商务的动机是什么？

★ 我们公司最吸引您的因素是什么？

这些问题会引来很多重要的信息，你可以利用这些信息帮助对方维护内心的愿望，支持和鼓励他们去接近那些愿望。不要忘记给每一个成员建立档案，记录下他们各自的特点和意愿。把所有成员的重要纪念日（例如生日）另外列入一份档案，以便随时查阅，并且适时向对方递送贺卡或发送祝贺对方取得优良业绩的信息。

发现他们的目标

现在是帮助新成员确立个人奋斗目标的时候了。开启每一个新项目都应首先从新成员确立自己的奋斗目标开始。

应避免那种过于粗率的工作方式，一开始就忙着对新成员进行培训。至于具体的销售技巧和工作方式，日后有的是时间传授。唯有令人真心向往的目标，才会让新成员一鼓作气地奋斗下去，而不至一遇到困难就打退堂鼓。

帮助你的新成员确立奋斗目标，完全可以成为你们的一次快乐体验，更可以拉近你们彼此之间的关系，为今后一同工作打下良好基础。有时，很容易发现一个正确的目标，另一些时候，则需要花费更多时间和技巧。千万不可掉入急躁的陷阱。因为新成员的个人目标将会成为指引她航向的闪光灯塔，维持她的兴奋、专注，并且很快步入正轨。

让对方知晓你的奋斗目标，也是一个能让对方对你敞开心扉的好办法。例如：

> 每年我们都会制定各自的工作目标。这也是这种商务最有趣的特点。去年是我们夫妻十周年纪念日，我的目标是和老公一起到塔西提岛去浪漫一游。这个目标甚至超乎我们的想象。不过今年我有了一个比较现实的目标。
>
> 我今年的目标是建立一份为期半年的救济金。我丈夫的职业不像我们先前估计的那么安稳，假如他需要变换工作，而我们依然有能力支付生活费用，我们就没有后顾之忧了。
>
> 我很想知道你的个人目标是什么。如果这份工作能帮你实现今年的最大愿望，那会是什么呢？

不要忘记，我们“所拥有的”与“我们想要的”之间的差距，才是促使我们奋斗的动力。而我们的奋斗目标，正源于我们“当前的生活状况”与我们“对未来期望”之间的差距。

你招募的新成员自然会有他们各自“现状”与“期望”的差距，帮他们认识到这种差距的方法之一就是向他们提出各种问题。你的提问越巧妙，你就能越快帮他们找到奋斗的动力。唯有找到强大的驱动力，他们才有可能百折不挠地撑过未来最易于发生动摇的一年。

即使在招聘的时候已经向对方提出过种种问题，也不妨再次询问，因为境况可能发生变化。签订合约后，新成员的个人愿景无疑会随之发生变化。

你的提问只有新奇有趣，对方才会乐于向你吐露心声。你的问题有的放矢，才能帮助对方发现最富于感召力的奋斗目标，他们才会有足够的动力去努力学习相关的知识。

问题还必须尽可能切合对方的实际状况。如果你的新成员最亟待解决的是获得足够的资金以支付车辆的燃料费或偿还贷款，你跟他大谈豪华游轮就完全没有意义。

一个单纯的年轻人，与那些守家待业的中年人，抱负和期许自然会有很大不同。年轻人很可能希望速战速决，尽快让付出的劳动换回应有的报酬。因此，你就应该同他们探讨这方面的问题。

如果你从始至终都很关注对方的表述，你就会发现进一步交流变得更加容易。参照七个步骤提出问题（在第一章里提出过），有助于帮助对方发现努力方向。另外，你还可以参照下列提示进一步询问对方：

★ 倘若能每星期多赚 200 美元，你的生活会有什么变化？

★ 要实现这个愿望，你会怎么做？

★ 倘若你每星期能赚 1000 美元，你的生活会是什么样子？

★ 你对信用卡上的负债怎么看？

★ 你喜欢旅游吗？

★ 你能告诉我，你梦想的度假是什么样的吗？

★ 假如今天你的银行账户上有一万美元，你想怎么花？

应给对方足够的思考时间。如果你急于给出自己的提示，对方反映的只能是刚刚闪过的念头或自以为你想听到的说法。如果你足够耐心，你就会发掘出无价的信息宝藏。

只有当对方表示：“我真不知道自己想要什么，”或者“现在我想不出任何具体目标。”你才适合给予提示。

奋斗目标纯属个人问题，很多人不愿意说出自己的真实想法。因此，讲究提问技巧，并投入更多感性色彩，有助于引起对方的更大兴趣，进而愿意和你交流。

可以说，整个直销行业都是靠目标驱动的，如果你不能在一开始就帮对方确立令人兴奋的目标，日后要指望新成员始终保持工作动力，就会变得比较困难。令人兴奋的具体目标会让直销员心气高昂，不至一遇困难或稍不随心就灰心丧气。

一开始先确立较小的或短期的目标，只要能给对方足够的动力，也不失为一种策略。很多业绩出色的直销员也都是以较小目标为起点开始工作的，在他们真正认识到这个行业的潜力之后，他们才进一步拓展自己的规划。脱离现实的期许只能适得其反。促使人们退出这个行业的最可能因素，就是失望。

如果一名新成员表现出跃跃欲试的热情和很高的抱负，而且经过分析，你们共认那个目标是可以达到的，对方又很愿意全身心投入，那就是再好不过的情形了。漫无边际的目标只能算是白日梦。现实的期望才是至关重要的。期望值越高，需要奋斗的时间自然越长。

如果你的新成员难以把从业的目的集中到一个具体的目标上，你可以温和地提醒他们：他们或许应该把个人理想与生活责任区分开来，鼓励他们一步一步地实现自己的愿望。

你可以参考一下我设定目标的“黄金法则”：一年一个目标，一步一个脚印。

帮助新成员规划好个人目标之后，应鼓励他们把各自的目标书写在易于随时看到的地方，以便每天都能保持工作的动力。

从扩充和维持直销团队的角度看，最大威胁就是，加盟直销业的起步成本过小。由于投入很小，他们很容易低估这个行业的潜力。因而，只要感到些许不顺，人们很容易掉头离去，因为那样做没有什么风险，也不会损失什么。这个行业就是这样，进来容易，出去也容易。

这正是你需要鼓励新成员为达到既定目标而努力的原因。你应告诉对方：

> 我想，这是一个非常诱人的目标，我也为你感到高兴。我希望尽快看到你实现这个愿望，我相信你一定也迫不及待地想要开始工作了。

我承诺随时给你所需的一切帮助和支持。我需要你向我承诺的也有两件事：

第一，不要因为投入很少就低估这个新工作的未来潜力。你启动这个商务的一切必要资源都是公司为你准备的。只要你愿意工作也愿意学习，谁也无法阻拦你获得成功。

第二，在达到自己订立的目标之前，不要放弃努力。我知道你能做到。如果你遇到困难，正如所有人都会遇到的状况，我一定会设法帮助你。而你的目标是值得你为之付出努力的。我想确认的是，如同我承诺一定帮助你，你也要承诺完成自己设定的任务。

这个行业最美妙的地方就是，只要你在成功之前不放弃，你就不可能失败。

你可以把每一名团队成员订立的个人目标记录下来，以便随时鞭策他们为之努力工作。一旦他们遇到困难，你可以说：

意料之外的困难的确令人烦恼，我也感同身受。但是，我能想象你实现自己愿望的情形（譬如：坐上了新买的轿车……），我无论如何要帮你实现那个愿望。所以，与其这样垂头丧气，不如多想想你的愿望。我相信你一定能做好这件事。

微小目标是通往宏大目标的石阶。几乎所有直销公司都有快速启动奖励政策，在最初的三四个月，为新加盟的直销员提供获取奖金奖励的机会。他们之所以这样做，是因为他们知道，直销员最初几个月的工作是比较困难的。所以，不要以为这个奖励很容易就能拿到。

在开始的几个月里，每一步，你都需要对新成员给予具体指导。

为鼓励每个新成员都努力争取获得奖励，你可以这样说：

> 现在，我们都确立了自己的奋斗目标，我又有一个好消息宣布：公司支持大家工作的方式之一，就是为大家提供了第一个月的获奖机会。这是一个很大的奖励（你可添置必要的设备，还可以得到额外的资助……）

你应向新成员解释清楚，快速启动奖励仅有一次，并且有明确时限，在限期内完成任务的直销员才能得到奖励。强调这项奖励的紧迫性，有利于促使大家尽快进入工作状态。

大多数快速启动奖励政策都有针对招募新成员的条例，这也有利于你的团队成员一开始就关注对更多新成员的招募。每个人心目中都可能有潜在的适合人选，如不及时动员，那些潜在的新生力量就可能与我们失之交臂。想想看，假设每一名新成员都能招募一名更新的成员，那么你的团队，即使有人中途退出，也还是会不断壮大的。

你可以通过多种途径试探一个人是否有可能加入你的直销团队。其一就是让你的新成员带其他人来参加培训。不妨这样对他们说：

> 你们将经历一次非常有趣的培训，何不多召集一些人来共同参与？在你熟悉的人们中间，你认为谁最有可能对你新启动的直销商务感兴趣？

应给你的新成员更多时间梳理他们的人际关系，然后迅速跟进，争取更多人的参与。两个人携手做事，效果无疑会更好。

另一个鉴别人们潜在参与意识的方法是，免费旅行激励，可以问他们这样的问题：

倘若能争取到全额度假奖金，你会不会感到大喜过望？

大多数人的回答都是：当然喽！

继而你可以说：

想想看，只要你赢得度假奖金，你还可以带一个人同去，朋友、亲戚（配偶或子女除外）或同事，你希望带谁去？你会选择哪个人？

倘若对方说出一名候选人，你可以鼓动说：

何不现在就打电话去告诉她，告诉她你可以邀请她分享这个机会，看看她是否有兴趣加盟？你们可以一道努力争取得到免费旅行的奖励。

欢迎会面的最后，应明确告诉对方下一步要做的事情，包括第一步的培训。培训应在欢迎会面的同一周尽快展开，以便充分调动新成员的兴奋感、新奇感和跃跃欲试的动力。

结束会谈的一个既有趣又有效的方式，是为你的新成员拍照留念，即可用于日后展示她的成绩，也可把它贴在你们团队 Facebook（脸书）的页面上。

第九章

制定合理的路线图

最容易使人们退出这一行业的原因就是——失望。

——玛丽·克里斯坦森

很多年以前，我参加过一次专为团队领导者组织的训练营，以野外挑战替代业内任务，测试领导者会在何种状况下退却。他们安排的全部活动都是对我们勇气的考验，也是对我们耐力底线的探测。

第一天，我被蒙上双眼，推上汽车，送到森林深处。除掉眼罩后，我得到一瓶水、一个指南针和一只用于紧急情况的哨子，我的任务是自己找到走出森林的道路。为了让挑战更严峻，我还必须严格按照规定沿着东南方向设法走出森林。没有可以绕行的路线，也不允许往回走。这就意味着，我还必须在这条规定路线上的某处涉水渡河。尽管整个过程中有些“小插曲”，我还是一步一步地走完了全程。

下一个挑战是从陡峭的山崖上设法下山。望着几百英尺深的山谷，我只能鼓起勇气，纵身一跃，然后借助绳索攀岩而下。下到半空中的时候，已经全无退路，我只能紧紧攀住绳索，继续向下移动，直至成功地下到地面。

那天晚上，组织者宣布第二天挑战科目时，我心里开始有点疑惑了。新的任务是攀岩。

一整夜我都没睡安稳，始终为第二天的考验惴惴不安。清早起来，我告诉自己，攀岩实在远远超出了我的能力范围。我决定跟组员们一同去现场，等到最后时刻再找借口退出。

我们下车后进入森林，在距离岩壁几码远的地方停下脚，组织者为我们讲述了活动的规则。其中一个规则就是：每次只能有一个人进行攀岩，其他人必须在远离岩壁的指定区域等候，在这里人们的视线却被树林婆娑的枝叶遮挡。这就意味着我们任何人也不可能观察到别人的攀岩过程。

轮到我的时候，一个意外的情况出现了。我需要攀登的距离只有我预先估计的一半，而且山岩上有很多深陷的沟槽，有利手脚的攀附。我觉得这种局面自己还可以应付，于是悄然放弃了退出的念头，走过去准备一试身手。指导者帮我设置好开始攀登的手脚位置，然后就让我开始独立攀登。我一寸又一寸向上攀登，直至爬上一块巨石，暗自祝贺自己征服了第二次挑战，是的！

然而我的庆祝为时过早了。我还没有登上岩顶，上方还有巨石等我攀爬。这片岩石往里凹了几英尺，所以从地面根本看不见。现在我明白了，为什么每次只安排一个人单独攀岩。原来整个攀岩路线分为两段。而第二段沿线可供手足攀附的岩面凹凸都变得更浅，而且间隔也变得更大。既然已经攀上半山，我打算还是继续爬上去。这是这个过程显得更漫长。

我四肢的肌肉已经痛楚不堪，手指甲也被粗粝的岩石磨掉。不过，有成功热望的支撑，又有山下“后勤团队”的激励，我还是奋力攀上了岩顶。

我成功了。只不过……你猜到了，还有下一个考验，另一片山岩耸立在眼前。事已至此，我只能继续攀上去，退却是难以想象的。取胜的信念以及不愿服输的顽强支撑着我，我横下一条心，拼命向上爬去。

很快，我的心跳变得异常急促，指甲尽失，只能靠裸露的皮肉抠攫岩石。每一步攀爬都要竭尽全力，但我知道，这是最后一段艰险了。

你大概可以想象到我最终登上山顶时的狂喜。

那天的经历给我个人的教训是：我把太多的时间和精力浪费在踌躇不前上了。实际上，明明有能力完成的事情，我却满心犹疑。

然而从领导力的角度，我却得到了意外的收获：

★ 指导者很清楚我能做到。他们只是给我一次机会，让我亲自发现这一点。

★ 他们没有在一开始就让我看到全部险峻的考验，而是把攀爬过程分成几段，每一段都能让我感到尚能应付。

★ 他们首先帮我攀上了岩石，等我意识到前面的艰险时，我已经人在中途了。

★ 第一段攀登带给我的小小的获胜感，足以成为我战胜后面更大挑战的动力。

★ 我攀岩的每一步，都有支持者的鼓励和掌声相伴。

这些感受，实际上完全可以用在协助新直销员启动个人商务的思路上。大多数人创业之初都兴奋不已，同时也对未来信心不足。正是由于这个原因，你必须帮助他们成功度过最初几个月的关键阶段。慷慨地拿出你的时间，给他们尽可能的帮助。他们中间很多人从未有过经商的经历，因此你必须及时把必要的技能和热诚的支持给予他们。

你付出的时间和精力，会帮助你的新成员顺利度过他们创业的最初九十天，帮他们找到良好的经营感觉。

为所有新成员设计一份可行的路线图，做好准备，待他们羽翼丰满后才可后撤。经营之初几步小小的成功，会成为他们走向巨大成功的阶石。

最初三十天

最初三十天可谓他们创业的“蜜月”期，是他们心气最高的时候。他们需要接触大量的业内事务。不过，新开业的商务确实要面对铺天盖地的工作。与其让新成员淹没在信息的海洋里，还不如指导他们把精力集中用在几个开始赢利的关键步骤上。想一想：

现在他们需要了解什么？

现在他们需要做什么？

★ 倘若你的公司提供“快速启动奖励政策”，应为他们设计好最初三个月争取奖金的行动意图。为每一步设置明确的规划，附加一份简单的“备忘单”即：把快速启动奖励分阶段设定期限，注上日期和相应的培训内容。

★ 确使他们理解：投入工作的时间、精力越多，他们得到的回报就越多。应强调：快速启动奖金是一次性的，而且是唯一的机会，从而让大家有一种急迫的概念。成功，是最强大的驱动力。

★ 鼓励他们为自己的商务专门设置一个日程表，规定专门的工作时间。建议他们把各个工作时段标示出来，以便随时了解自己完成的任务。让他们随时把团队会议、公司集会和全国性同业集会的日期标注在各自的日程表上，以确保按时出席会议。

★ 应强调直销员首先使用自己推销产品的重要性。产品介绍和第三方认证，都不及本人使用经验，后者更令人信服。

★ 新成员的客户联系名录越长，他们掌握联络客户的技巧就越快。应鼓励他们不断向各自的通讯录中添加新的联系对象，并建议他们一开始就注意记录每位客户的电话号码和电邮地址。不然的话，每次需要联络的时候都需要专门费时间查找。

★ 没有预定就没有生意，因此打电话是他们的头等要务。可以每天预计打出十个电话。告诉他们，受到回绝是常态，可以减轻他们受到的打击。如果他们的期望值很现实，他们就不大可能由于不断受到回绝而灰心丧气。

★ 尽可能减少高强度培训。谁也不会受到政策和程序手册，或薪酬计划详解的激励。相反，应把培训重点放在洽商预约、商品推介、招募新成员以及把前三项并入一对一洽谈或商品展示会上。如果你的公司有精美的手册，应把它们放在新成员可以预先看到的地方。

★ 最初两周内，邀请他们一同到你的约谈地点或集会上去，以便他们观摩洽商和产品推介的真实情景。

★ 鼓励所有的新成员尽快举办各自商务的“开张”仪式，由此亲朋好友和社交关系成员都可前去祝贺，顺便体验他们推介的产品。

★ 参加每位新成员的“开张”仪式，以此显示你支持和帮助他们实现首次预定。你不应起关键作用，而应关注融入宾客当中去，借此了解新成员的社交圈子。“开张”仪式是一个庆典，“软销售”的方法也优于传统的“笨”方法。

★ 在适当时机，可以邀请公司方面讲几句话：

> 感谢大家来这里祝贺佩吉启动新业务。她能选择加盟我们公司，让我们兴奋不已，相信她一定会取得巨大成功。
>
> 在她新业务开张的时候，邀请佩吉所关爱的人们共聚一堂，我们觉得，再没有比这更适合的祝贺方式了。我相信，佩吉也会感谢你们的支持。
>
> 你们或许想不到自己能帮她做些什么。
>
> 她刚刚开始学做这一行，因此现在我们可以给她最大的帮助，就是支持她签下第一批订单。举办这样一个聚会，一定会给她带来很大帮助，为了报答各位的善意，我们也有令人欣喜的小礼物送给大家。

★ 简单介绍一下主持方的奖励，把装有小礼物和公司信息的礼品袋分发给来宾。你的新成员会从你的言行中学到生动的直销领导艺术。

最初六十天

最初六十天里，直销员会渐渐进入实际操作阶段。大多数直销员，通过把产品推销给亲朋好友，便可见证初步的直销成果。倘若他们仅能联系到与自己关系密切的一部分人，不能有更广泛的人际交往，那么第二个月的工作就会比较困难。对新加入的直销员来说，首次展示会催生的订单，意义非同一般。这一点也是你培训新成员时需要特别强调的。应重点指出，要把每一次聚会或展示会作为引向新订单的阶梯。直销员在最初几个月退出的头号原因，就是人脉枯竭。

新成员假如第一个月未能达到直销目标，很可能开始怀疑这个行业，甚至怀疑自己的能力。你可以建议他们：在第一个月末划一道线，然后向前看，一切重新开始。当所有机会都在前面，揽镜回顾并没有多大意义。

你应密切观察他们的进步，记录下来，做出各种评价标记。譬如：用绿色小旗表示他们有持续销售量和新的预定签单。而这正是直销巨星冉冉升起的迹象。

用红旗表示较低的销售量，或者预约签单数量稀少。这是一个危险的信号，说明你必须尽快采取行动了。应鼓励你的新成员集中心神向前看，同时你本人应密切配合他们的工作，帮他们找到问题的实质。及时发现小问题，避免它们发展成大问题。

倘若直销员们抱怨最多的问题是：没人（对产品）感兴趣，或人们没有闲钱/闲工夫投入，或者对电话联络感到困难。或许是由于较小的销售量挫伤了他们的士气，也许他们在联系客户上投入的时间不足。我建议你用角色扮演的方式，亲自打几个电话做示范，帮他们找到各自的问题所在。

如果他们一开始劲头十足，但是不能进一步获得预定客户，那就需要帮他们拓展自己的交际面。在很多新成员看来，这是本行业最令人挠头的一件事。谁也不可能仅靠亲朋好友的支撑来经营自己的商务。他们越快学会拓展预定客户，他们的业务发展就越稳定。

可以用移情法转移他们的关注点——譬如说：

我们大家都会遇到这样的阶段，需要在我们的舒适限度以外付出更大努力——在辅导他们不断扩展客户联络的同时，这样的劝导有助于减轻他们内心感受到的压力。

无论他们最初六十天的工作成绩如何，切不可打击他们的士气。有些直销员确实比其他人需要更长的摸索和适应的时间。他们取得的每一点成绩都应给予鼓励，任何时间都要敦促他们一心向前看。

最初九十天

最艰难的阶段往往出现在开始工作的第三个月。最能干的直销员已经能够见到实实在在的劳动成果了；稳扎稳打型的直销员也顺利进入发展轨道；经营最迟缓的直销员则还在困境中挣扎。有些人已经开始考虑退出这一行了。人员损耗总是难免的，不过，如何帮助这些人扛过这段最艰难的时期，却会成为你稳固阵营或流失成员的一个决定性因素。

九十天以后，就会出现一个清晰的图景，你能从中看到自己的新成员究竟在朝哪个方向发展。有些人已经准备好接受你的正式培训计划；有些人已经展露出各自的愿望、动机和天赋，准备投入你的领导者发展计划。我们在后面几章中还会专门探讨这两个方面的事情。

无论他们下一步打算做什么，你都会感到欣慰，因为你知道，你已经给每个新成员带来各自可能发展的最大机遇。

这里可能的教训是，对新招募的成员，你无法全程控制他们的所有作为，确保他们全部一举成功。一般来说，前三个月，新成员的退出率都在 50%。假如你的团队也是这样的结果，那么你花在招募新人和培训上的大量时间和精力就白白浪费掉了很多。

假如你从一开始就为新成员设定了成功的方向，督察他们的工作业绩，并在前三个月之内及时给他们必要的帮助，他们就会有强有力的启动，更出色的工作状态，并且能持久、稳定地向前发展。

第十章

建立信心

视每一名新成员为一颗待造就的新星。

——玛丽·克里斯坦森

生活中，拥有更多、创造更多、成就更多的动力，源于我们的内心。如何帮助每一名进入直销企业的新成员建立信心，把他们的愿望变成创造的动力，是领导者的核心要务。

当你树立起人们对产品的信心，他们就会热情高涨地去推广它们。当你树立起人们对行业的信心，他们就会心悦诚服地有所担当。当你树立起人们的自信心，他们就会义无反顾地去追求自己的理想。

你的经验会告诉你，只有当你想要什么，你才愿意为它去工作。而直销事业，只要你肯努力，你完全可以从中获得自己想要的任何东西。大多数新成员还无法领略这个前景，因此你会发现，你相信他们的程度，往往超过他们相信自己的程度。

每个人都会渐渐显露出自己的潜力。有的人潜力确实超过其他人。但你必须一视同仁地对待他们，把他们所有人都看作冉冉升起的明星，相信他们最终都能成为行业巨星。让他们尽情展示自己的才华，把自己的能力发挥到极致。

从事直销业的人，超过 90%都是女性，因此极有可能的情形是，你领导的是一个女性占绝大多数的直销团队。女性会给这个行业带来异乎寻常的特色，但也有很多人对她们自主经营时面临的挑战估计过高，却低估自己的能力。实际上，我们对未知领域的畏惧和对自己能力的怀疑，常常是没有现实依据的。主逻辑的右脑会告诉我们，一切事情都有可能发生；主情感的左脑却争辩道：不知怎么，我们就是觉得自己不合格，不可能做成什么事。事实并非如此。女性拥有与生俱来的领导能力，而直销商务，恰恰可以发挥她们的先天优势。

通往成功的道路有很多，但鲜有比直销更容易成功的。商科学位十分昂贵，在公司任职又缺乏灵活性，自己办公司则是风险最大的。但是做直销，几乎不需要投入成本，不会牺牲什么，也没有风险。你的团队成员可以边经营，边收益，边学习，伴随商务的成长而成长。直销，最终是个人发展的商务。如果你的团队成员都可以在家工作，在料理家务、照料家人的同时，她们完全可以充分装备自己的商务，经营好一份价值数百万的生意。

当她们坚信这一点，她们就会更努力工作去争取实现自己的期望。帮助你的新成员克服自我挫败的心理，就等于为她们开启了通往无限可能的新世界大门。在你的脑海里构想一只天鹅——优美、高贵的水鸟。初生的天鹅又是什么样子？一只丑小鸭而已。然而它迟早会展露大自然赠与的美丽。

新成员签下合作协议，就表明了他们在这个行业发展的意愿。他们各自订立的目标，表明他们对自己成长的期许。他们从你这里得到的，应该是对他们一定会发展壮大的坚定信念。

为给新成员构建强大的信念，你可以告诉他们：

> 我知道你们一定会让自己的商务获得巨大成功，而且我想，这个成功一定会远远超出你们的想象。我相信你们都跃跃欲试，很想尽快知道如何开始以及从何处入手。我们会在下一步的培训中解答所有问题。
>
> 我知道你们能做成这件事，我也知道你们有这份自信。不过大家很快会发现，启动这个商务，让它有一个良好的

开端，需要勇气和严格的自律。一旦品尝了最初的成果，你们自会信心倍增。

增强他们的信心

直销是一个富于感情色彩的行业，而感情常有脆弱的一面。你不得不反复帮助你的直销员强化对他们的推销产品、他们的经营以及他们自身的信心，以期在遇到各种阻碍、挫折和打击时，可以始终对未来怀有坚定的信念。

不妨想象你给一只水桶注满水，然后提着它走在崎岖、颠簸的路上。沿途，桶里的水会不时洒落，这几乎是无法避免的。假如水桶上原本就有漏洞，一路遗洒不已，直至桶里滴水不剩。假如遇到磕碰，桶里的水就可能更快地流失掉。你必须不断向桶里注入更多的水。同样道理，你也必须不断为你的团队成员增添更多的信心。

你需要不断为各层业务人员强化信念。譬如说，每遇新的项目启动，都要鼓励他们说：这些产品真是太神奇了！我正猜想我哪位顾客会抢先订货。我非常兴奋，因为它的畅销会给我们的整体业务带来巨大的促动。

每当人们有了新的创见，你都可以表示：这个想法非常令人兴奋……我们一定能达到这个目标，让我们共同努力来争取赢得它。我们可以把这个过程分解成各个星期的阶段性任务，通过团队协作，一步一步去完成它们。

在实施培训与支持计划的过程中，也可通过传达积极信息来不断强化团队成员的信心：

★ 做这件事需要的（勇气、能力），你都已经有了。

★ 我看到了你的巨大潜力。

★ 如果你想得到它，你就愿意为它付出努力。你一定能得到它的。

★ 我知道你会和我们一起上路的。

每逢有任何团队成员的信心受挫，无论遇到爽约，还是招募对象最终改变主意，或是本人丧失动力，你最好能在设法处理困局之前帮助他们重新树立起信心：

> 真倒霉，我理解你的感受。不过我很钦佩你不肯退缩的勇气。那我们就一起做下去，看看如何修复你的商务。要记住，只要你在成功之前坚持不懈，你就不会失败。

卓越的领导者都相信，人人都有超长发挥的潜能，很多人甚至能发展到远远超出自己想象的境界。他们还会激励其他人，让他们相信，只要自己不气馁，不受负面因素的影响，那就没有什么东西会羁绊他们。

一如亨利·福特所说：“只要你相信自己能做某件事，或者不能做某件事，你就会达到目的。”

只要我们信任自己的事业，我们就会释放自己，努力去实现理想。

第十一章

深谋远虑的指导者

更多关注那些值得关注、而不是要求关注的人。

——玛丽·克里斯坦森

你若是觉得对自己招募来的每一名新成员都有责任，那很正常。你希望他们人人都能成为最好的直销员，你的成功也取决于他们进步的程度。不过，每一名新成员和你签约，是承诺独自经营一份商务，他们也都要为自己的事业负责。

时间，永远是你最珍贵的资源。最有效的方式，就是集中大部分时间帮助那些最努力工作的人。你的团队成员各有各的背景、经历、期许和优势，不可一概而论。你只能关注那些能从你帮助下获益最多的人，也就是说，那些可以由此产生结果的人。

好比大鸟会把小鸟推出鸟巢，让它们学会飞翔，让新的直销员开始独立经营，也是越快越好。这就意味着要及时为他们提供所需的培训。但并非一定要等到他们自己感到需要的时候。学习经营业务的过程，像一条陡然升降的曲线。很多直销员错误地以为，一开始接受的培训越多，工作起来就越容易。实际上，最多的学习是要在实际工作中进行的。更多的培训并不是最重要的，更多的亲身实践才是决定性的因素。

你应向学员们说明这一点，并且把更多精力用于帮助那些最值得帮助的人，而不是那些要求更多帮助的人。领导者最大的失误就是看错人。女性更容易犯这种错误。不能区分家长式扶持他人的本能与经营事业的必要手段，这是很多领导者的误区。

在你开始承担起责任，协助团队成员经营的时候，也可借鉴自己培养子女成长的经验。你一定记得，如果你面面俱到地为孩子做任何事，他们就不可能获得独立生活的能力。你一定期待他们能对自己的行为以及行为的结果负责。

指点孩子参加集体活动的时候，你也会强化这些原则。你向他们讲明游戏规则，行动还要靠他们自己。他们向前发展一步，你也跟进一步，然后又轮到他们自己独立发展了。毕竟，他们只有亲身参与游戏，才能学会游戏。同样道理，不要以为你为新成员做得越多，效果就越好。最好也采用那种“你走一步——我跟进一步——你再走一步——我再跟进一步”的方式，从旁指点和协助。

根据他们自己设定的目标建立对他们的期望值，在他们需要帮助的时候及时给予帮助，并在他们进步过程中随时祝贺和鼓励他们，这是为他们增添力量、发掘潜能的最好方式。面面俱到的关照只会削弱他们的能力。过度保护以及放任或迁就他们，只会减缓他们的成长。

如果你允许自己的团队成员把各自的难题都推到你身上，就等于让他们完全依赖于你。你在为他们解决疑难，就等于剥夺了他们通过学习和实践成长的机会。这也正是下一节你们会看到的，我在亚利桑那州学习骑术的导师传授给我的经验。

骑马历险

过去我对马匹一无所知，因此决定到骑术学校去体验一回，为的是平添一点自信。

我选择了一处设在美丽山谷中的跑马场，和大约二十名学员一起，按照吩咐，准备各自上马。当教练询问我们是否有过骑马的经历，我主动坦白自己是个初学者。他们立刻宽慰我说，马都是非常驯良的。不过，我那匹“驯良”的马当即察觉到我是个生手。教练刚一转身，那匹马就掉头跑回了马厩。无论我怎么哄劝、求告，那匹马就是不肯出来，直到教练过来牵住缰绳，那马才乖乖就范。

开始一段骑行平安无事。接着，我们开始向河谷下面走。望着前方深入谷底的小道，我感觉似乎脚下就是万丈深渊。从马上看着它走在崎岖不平的山石上，仿佛随时都可能把我甩到下面去，我的心怦怦乱跳。

等我不再担心被它甩掉的时候，新的恐惧又来了。它不时低下头，在小路两旁寻找可以吃的东西，我怎么也无法把它垂下去的头颈拉起来。

“要让它听你的，”教练对我喊道。

“我正试着呢，”我一边回他的话，一边徒劳地拽着缰绳。

好不容易走到一条小溪旁，我才松了口气，因为这是整个行程的中点。回去的路途都是上坡，我感到放心了许多。然而回程也并非一帆风顺。其他骑手纷纷抱怨马队走得过于缓慢，他们想来点大动作，让马跑起来，或者沿着来时的险路返回。我没有做声，相信教练不会应允他们的要求。然而，再没有比群体的意志更厉害的了，教练居然同意让马队跑起来，这可把我吓坏了。

他们安慰胆小的队员说：只要我们想要停下来，只需喊一声，所有人都会停下来。我才不想在整个队伍中露怯呢，于是鼓起勇气跟了上去。不出几秒钟，我就已经被颠簸得魂不附体了，我能做的，只有紧紧攥住缰绳不放。我想，自己很快就会摔下去。紧接着，这种令人不快的体验就变得极为恐怖了。谢天谢地，有人尖叫了一声“停下来！”

教练立即喝止了马群的奔跑，众人扫兴地发出一片嘘声，目光刷地一下扫过来，落在——我的脸上。

我简直无地自容，暗自叫苦不迭。本来，马队跑得快一点，几位教练也很开心。现在他们几个商量过后决定，两个人随同大部分人往回走，剩下一位教练，陪着我在后面慢慢走。几秒钟过后，大队人马已经跑得无影无踪了，山谷里只剩下我和一名教练。教练不仅没有好生安慰，相反，她对我说，“你倒是很小心啊，肯定不会摔下去。”

我刚想解释说，马跑得太快了，她打断我的话说：“你之所以叫停，是因为你整个心思都在一点上——生怕摔下去。”

我开始争辩，可是教练不再跟我纠缠。她盯着我的眼睛说：“最担心摔下去的人，才是最有可能摔下去的。”

她说得一点不错。我一心只想着是否会摔下去，沿途的风景都不曾留意。我很尴尬，急忙辩解：“那不是我的过错，是这匹马走得太接近山崖了。”

教练才不买我的账。她失望地看了我一眼说：“好吧，这回我在外边走。”

我们重新上路。这次，我把心思用在全方位的体验上。我开始注意四周的景色。鸟声此起彼伏，把我的目光引向山谷。我们甚至看到一处岩壁上古人的栖身之所。真是一条美妙的旅途。回到出发地点后，我立即开始盘算第二天的骑行。

我的那位年轻教练，给了我一次生动的领导艺术示范。对我的矢口狡辩，她坦诚、直率地给予回应。她帮我认识到，问题并不在奔跑的马身上，也不在险峻的山路上。我本人才是问题的症结所在。

由此可见，你也应该给你的新成员足够的成长空间。过度保护只会剥夺他们发现自身力量、迎战恐惧和修正失误的机会。

与最能干的人们一起工作

假如你已经在行业中工作了很长时间，经营仍不见起色，就不要再把时间浪费在拯救旧部上了。你应该把目光转向新人了。有些你曾寄予厚望的人，实在无法完成既定的任务，即便令人痛心，你也还是应该转而把时间用在培养更有能力的人员身上。他们是你未来事业的领导者。因此，要让成果来做裁决，你只能与那些卓有成效的工作者合作下去。

倘若你容许昔日陨落的星辰占据你的光阴，你就只能输掉一切。你的团队成员理应拥有最积极、最活跃、最能干的楷模，而任用那些一蹶不振、毫无作为的人，只能给你的团队带来消极影响。你应找到适当的方法，明确表达你对前者的认可和欣赏。

你或许会注意到这样一些人，他们做的最少，却诈唬得最凶。在直销行业中，有两种情况最容易招致失败。

第一种情况是做得不够，第二种情况是做错事情。倘若你的团队成员乐于工作，肯于学习，他们就会成功。倘若不然，你再做什么也无济于事。

指导你的新成员去独立承担责任，还要把他们充分装备起来，让他们能把自己的技能和经验传授给他们招募的新成员。那样，你的示范效用就会放大很多倍，传递给组织每一层级的所有成员。

第十二章

海纳性情各异之人

学会换位思考。

——玛丽·克里斯坦森

在传统的商业环境中，我们只会对那些符合我们个性的职业或职位感兴趣。驾驶机动车，可以满足一些人的领导欲，分析师热衷于处理各种数字，而性格外向的人乐于搞推销，如此种种。

直销行业海纳形形色色的人，而我们必须完成许多任务才能发展我们的事业，从销售到服务，再到领导力和管理。我们的性格，也决定着我们喜欢什么，讨厌什么。每个人的性格都是一种指示剂，预示着我们能做好某些自己喜欢的事情，另一些事情，倘若是必须，我们就只好硬着头皮，勉强为之。我们做事情的方式，同样取决于我们的性格。

充分认识自己的性格特点，你就能设法取长补短，成为更好的业务员、领导者和管理者。认清每个团队成员的性格特点，了解他们各自的天赋和能力，你就能协助他们突破局限，充分发挥他们的特长。

我在《成为网罗人才巨星》的书中，就曾介绍过一些简单的识别人们性格的方法。我把多种类型的人与那些众所周知的、善于人际交流、前景广阔的人做了对比。你可用同样简单的方法，对不同性格的团队成员因势利导。

人们的性格大致可以分为如下几个类型：

★ 喜欢表现的孔雀

★ 保守温和的鸽子

★ 喜欢交往的知更鸟

★ 谨小慎微的鹪鹩

★ 霸气十足的老鹰

★ 心思缜密的猫头鹰

★ 特立独行的鸵鸟

★ 沉静内敛的天鹅

我们每个人的性格特点都会从我们的言辞以及我们倾听他人表述时的态度自然流露出来。我们的着装风格、肢体语言以及面部表情也都会泄露我们的内心世界。我们驾驶的车辆、居住的环境以及家庭装饰风格也都体现我们的性格特征。

然而我们对各种不同事情的反应，会更清晰地透露我们的性格。紧急状态会强化我们的性格，社交场合则会显现人与人之间的巨大差异。

同时，人们的行为又是受截然不同的动机驱使的：

★ 孔雀型的人渴望引起人们的注意和欣赏

★ 鸽子型的人乐于奉献，追求价值感

★ 知更鸟型的人需要得到人们的认可和接纳

★ 鹪鹩型的人特别需要安全感和实在感

★ 老鹰型的人趋于追求地位和权力

★ 猫头鹰型的人渴求知识，喜欢思考

★ 鸵鸟型的人多虑多疑、优柔寡断

★ 天鹅型的人乐于追求较高的个人成就

在社交场合中，我们会自然而然地接近那些与我们性情相似的人；遇到另一些人，我们则一拍即合，相处融洽；只有少数人，会让我们感到难以接近。

在直销事业中，我们无法奢求能在人群中挑挑拣拣，寻求理想的合作者。我们必须具备联合各类人一同工作的能力。

个人性格的自我测试

如实回答下列问题，你就会清晰看出自己的性格。每个问题都有八个可能的答案。用笔圈起你认为最适合答案的字母序号。对每个问题，你都可以选择一个以上答案。倘若没有最确切的答案，就选择你认为最接近的答案。

这是一个很有趣的测试问卷。根据你的第一直觉来回答，无需对问题作过度解读。

1. 我理想的职业包括：

a. 广泛与人接触/富于变化/富于新奇刺激

b. 能帮助他人/做更有价值的事情

c. 加入卓越的团队/受到他人赏识

d. 职位稳固/只要薪水合适，做什么都行

e. 责任重大/报酬较高/收益众多

f. 自己说了算/独立解决问题

g. 只要责任不太大，做什么都行

h. 有机会证明自己的能力/良好的培训

2. 在正式场合，我会表现出：

a. 多姿多彩

b. 把盘子传给忙碌的侍者

c. 拍很多照片

d. 感觉很不自在，一心想要离开

e. 引导人们的交谈

f. 很想探讨时事

g. 设法掩盖自己弄脏的桌布

h. 希望自己没有露怯

3. 对我经济状况最接近的描述是：

a. 我的信用卡早用超了

b. 金钱买不来快乐

c. 只要我还有能力埋单……

d. 我还有六个月的应急基金

e. 那些号称金钱买不来快乐的人，其实是不知道应该到哪里去买东西

f. 我会仔细检查我的账户记录

g. 我尽量不去考虑钱财的问题

h. 我很能攒钱

4. 我的购物方式是：

a. 我会从零售商那里购物

b. 我喜欢去选购礼物

c. 我喜欢跟朋友一起逛商场

d. 我不会因一时冲动去买东西

e. 我期待得到优质服务

f. 我对自己的税务状况了如指掌

g. 别人去大卖场的时候，我也乐意跟着去

h. 我喜欢去实体店购物

5. 对我衣橱状况最接近的描述是：

a. 衣服多得盛不下

b. 色彩柔和、五光十色

c. 都很时髦

d. 满足基本功能而已

e. 看上去就像一个高档时装柜

f. 摆放整齐，有条有理

g. 我只能说：千万别打开柜门！

h. 我倒是想把这些衣物重新改造一番

6. 用这些词汇形容我最为合适：

a. 社交型、主动出击型、热心、爱冲动、爱交谈

b. 关爱他人、可信赖、保守、和蔼、心灵手巧

c. 乐观、愉快、善解人意、乐于合作、待人宽厚

d. 沉稳、勤奋、谨慎、足智多谋、坚定不移

e. 喜欢竞争、强悍有力、自信、富于进取心和动力

f. 有条理、心思缜密、好奇、理性、讲究方法

g. 无拘无束、轻松愉快、漫不经心、不拘小节、待人友好

h. 敏感、羞怯、理解力强、多愁善感、喜欢憧憬

7. 对学生时代的描述：

a. 我当过拉拉队长

b. 我曾经协助组织毕业舞会

c. 和昔日同窗依然保持联系

d. 经常独往独来

e. 我曾参加过班长竞选

f. 我最喜欢的科目是数学和技术

g. 我真希望还能和他们聚在一起

h. 我差一点就加入了戏剧小组，只不过怯场了

8. 在高楼里，我乘电梯的习惯是：

a. 我经常忘记去按自己楼层的按钮

b. 我会出手替他人按相应楼层的电钮

c. 如果有很多人涌向电梯门，我会向里面推动人群，以便让更多人能进入电梯

d. 倘若电梯挤满了人，我会等候下一趟

e. 我会利用乘电梯的时间发短信或打电话

f. 电梯上升的过程中，我会默数经过的层数

g. 我经常忘记自己要去哪一层

h. 我会悄悄观察电梯间里的其他人

9. 我梦想的家庭应该是这样：

a. 一个可以和朋友们聚会的场所

b. 一个安宁的港湾

c. 周围住着友善的邻居

d. 远离市郊

e. 在最好的地段，值得炫耀的布设

f. 我能养得起

g. 随便什么地方，只要租金便宜……

h. 一个我能引以为傲的地方

10. 我对娱乐的定义：

a. 晚上与朋友们一起出去玩

b. 谁有主意就跟谁去玩

c. 上“Facebook”，电话聊天，短信交流

d. 静静坐在电视机前看节目

e. 参加体育运动，消耗体能

f. 打电子游戏

g. 随大流

h. 外出就餐、看电影

11. 我的驾车习惯：

a. 我可以凭自己的魅力一路闯关，不被罚款

b. 我是个小心谨慎的司机

c. 我很乐于跟别人拼车

d. 我尽量不依赖汽车

e. 信号灯变黄时，我会加速冲过路口

f. 我会把事情凑到一起办，以便节省汽油

g. 只要我的车一修好，立即开出去

h. 只要遇上堵车，我就变得很烦躁

12. 我理想的假期应该是这样的：

a. 阳光、沙滩、购物

b. 到姐姐家去玩

c. 家人团聚

d. 在野外徒步游玩

e. 坐头等舱出游

f. 体验不同的文化

g. 特定路线旅行

h. 逃离日常生活，搞一次浪漫之旅

当你回答完上述问题，把你的选项按字母分别加在一起。相加后哪个字母的数字较大，说明你趋向于那个字母代表的性格。哪一项的得分越高，说明你对应的行为特征越鲜明。第二高分的项代表了你第二种性格特征。这些不同特征的组合，可以反应我们独一无二的性格特点。

大多数答案选 A 的人，属于善于表达的孔雀型
大多数答案选 B 的人，属于温情脉脉的鸽子型
大多数答案选 C 的人，属于热情、友善的知更鸟型
大多数答案选 D 的人，属于谨慎、戒备的鹪鹩型
大多数答案选 E 的人，属于雄心勃勃的老鹰型
大多数答案选 F 的人，属于心思缜密的猫头鹰型
大多数答案选 G 的人，属于特立独行的鸵鸟型
大多数答案选 H 的人，属于羞怯、腼腆的天鹅型

假如你两个字母选项的数量大致相当，你就是混合型。譬如说，相同数量的 B 和 C 选项，那就说明你既有鸽子型的特点，也有知更鸟的特点；相同数量的 B 和 F 选项，就说明你的个性兼有鸽子型与猫头鹰型的特点。

倘若你的得分不平均，那么较高的分数说明你的主导性格，而较低的分数说明你的附属性格。如果你选择较多的 E 和较少的 F，你就属于老鹰型，兼有猫头鹰的精明。如果你选择大多数 F 和一、两个 D，你就属于猫头鹰型，兼有鹪鹩的性格特点。

有些性格是水火不容的，就像不同的动机在他们身上相互对立。假如你属于强悍的老鹰型，你温情鸽子的一面就可能被你雄心勃勃的一面遮蔽。如果你属于善于社交的孔雀型，你就不可能同时属于隐遁型的鹪鹩。知更鸟型的人一般喜欢随大流，因此他们不可能像寻求实力的老鹰型。

如果每一个问题你都选择几个答案，那么你属于孔雀型的可能性就很大。

现在我们来看看每一型性格对应的行为特征：

孔雀型

这是所有性格中最为多姿多彩的一类。孔雀型的人是热心、主动、充满激情的。他们听凭自己的本能，散发热情，很容易交朋友。

孔雀型的人乐于成为人们的注意中心。他们经常侃侃而谈，语速很快，会把故事讲得栩栩如生。

极端的孔雀型人格，会不择手段地吸引他人注意。

鸽子型

这是所有性格类型中最敏感的一类，鸽子型的人善于体贴、关心、呵护他人，温柔善良。

鸽子型的人会给任何集体带来和谐。他们善解人意、考虑周到，对各种见解都能宽容接纳。遇到观点相左的人，他们宁愿闪身避开，也不愿伤害对方的感情。

极端鸽子型人格，常常会委曲求全，为顾及他人而牺牲自己的目标，因此也很容易被他人利用。

知更鸟型

这是各种性格中最稳定的一类，知更鸟型的人把人际关系视为头等重要的事情。

他们极为随和，适应性很强，很容易受到他人意见的左右。他们不会做发起者，喜欢跟从；对来自同行者的压力，他们会有强烈的反应。这种类型的人有传闲话的倾向。

极端的知更鸟型人格，往往过度依赖别人的主张。

鹪鹩型

这是所有性格中最保守的一类。鹪鹩型的人足智多谋，不辞辛劳。作为最终的幸存者，会不遗余力地照料自己关爱的人。

鹪鹩型的人不会轻信他人，更喜欢独立工作或只和少数人合作。

极端的鸱鸮型人格，有可能对其他人的动机过于多疑。

老鹰型

所有性格中最为野心勃勃的一类，他们是为傲视群雄而生的。自信、坚毅、志向高远，不达目的决不罢休。

老鹰型的人知道如何展开魅力攻势以实现自己的意图，可惜志大才疏，策略和耐心不足很可能导致他们的失败。

极端的老鹰型人格，为了达到自己的目的，甚至会强行践踏别人的利益，丝毫不受良心谴责。

猫头鹰型

所有性格中最为循规蹈矩的一类。猫头鹰型的人注重事实、数据和细节。他们真诚可信，只不过有时候比较固执。

他们是耐心、严谨的思考者，喜欢解决各种问题，有兴趣钻研各种艰深的难题。

极端的猫头鹰型人格会百折不挠地追求完美。

鸵鸟型

这是所有性格中最为特立独行的一类。当他们面对生活，需要做出抉择的时候，总是有点惶惑和犹疑。

他们聪慧、机敏、富于想象力，会倚仗自己特有的力量渡过难关。

极端的鸵鸟型人格有时会在人群中显得落落寡合、无所适从。

天鹅型

这是所有性格中情感最丰沛的一类。天鹅型的人有高远的梦想，但不知为什么，他们却认为自己不配或没有资格去实现那些梦想。

他们缺乏自信，经常是由于受到他人的拖累；一些别人不以为然的小挫折，却很容易对他们形成伤害。

极端的天鹅型人格，羞怯、内向、孤僻，难以合众。

与各种性格的人们一道工作

如果你能成功地发掘每个团队成员身上最大的优点，你的事业定会受益无穷。学会适应性情迥异的各类人，你就能帮助所有人取长补短，发挥潜能，战胜那些阻碍他们发展的不良习性。

善于交际的孔雀

对于高调的孔雀型成员，应用热情和兴奋的事情动员他们。孔雀型的人会热切回应他人的认可和奖赏，但他们的注意力很容易转移，需要不断的刺激才能保持专注。

孔雀型的人是天生的社交高手。鼓励他们利用各种省时、省力的便利工具，把时间和精力集中用在人际沟通的前线，因为他们做这件事驾轻就熟，事半功倍。

孔雀型的人注意力不够持久，处理常规性业务，很可能缺乏自律，因此一定要告诉他们，耐心、持久去做一件事的效力。

孔雀型的人喜欢小题大做。应鼓励他们专注和解决具体问题，不要针对任何人。让他们养成换位思考的习惯，学会从别人的角度去理解问题。

敏感的鸽子

动员保守的鸽子型成员，应让他们感到很受重用。鸽子型的人，只要相信自己的事业并且得到有效的支持，日后会有长足的进步。不可操之过急，因为鸽子型的人需要足够的时间来接受新的理念。

你可以放心，鸽子型的团队成员一定会履行自己的承诺，但是对他们的贡献不可等闲视之，因为他们非常渴望他人的赞赏。亲自打电话过去，或者送一张便条，比用电子文件或电邮更容易于打动他们。

帮助鸽子型的人克服对被他人利用的恐惧，你可以提醒他们，他们所推销产品的价值、厂家的回馈以及各种商业机会。

同时也要提醒鸽子型的领导者，帮助各自团队成员的时候不要以牺牲自己的利益为代价，应充分发挥所有人的能动性。

入乡随俗的知更鸟

对随遇而安的知更鸟型成员，只需多多给予称赞和鼓励。他们只要认清了方向，就会全力工作，卓有建树。给他们目标，他们就会前行，给他们范本，他们就会遵循。

知更鸟型的人坚定不移，可以信赖，他们的工作热情很大程度上依赖你整个团队的动力。对来自同道的压力，他们会有很大反响，而且绝不甘心落后于团队里的其他成员。

知更鸟型的人有一种自然的倾向：遇到困难的时候，他们宁愿寻求援助，也不愿尝试自己解决问题。他们不喜欢落在他人之后，又很容易有受轻蔑的感觉，因此需随时留意不要冷落他们。

如果要求他们做出超越寻常限度的努力，或者担当领导责任，你只有循循善诱，好言相劝，才会奏效。

矜持的鸕鹚

要动员谨慎自持的鸕鹚型成员，你必须给他们足够的时间去适应直销工作的社会特点。鸕鹚型的人对直销工作的适应比较慢，然而度过适应期之后，他们会展现出令人惊讶的智慧和能力。

一旦进入工作状态，他们会以不懈的努力去争取自己期望的结果。

鸕鹚型的人工作起来，很少需要外在的激励，他们的主动性往往出人意料。

鸕鹚型的人善于独立思考，我行我素，因而需要给他们足够的独立空间。遇到压力，或有他人越界，他们就可能退缩。千万不可让他们失望，因为他们会耿耿于怀。

鸺鹠型的人不信任过于情绪化的言行，也不喜欢在人群中亮相。因此在你要对团队中鸺鹠型和孔雀型成员表示赞许和支持的时候，要避免令人肉麻的言辞。

居高临下的老鹰

要想勉力雄心勃勃的老鹰型成员，你需要给他们实实在在的奖励和可供炫耀的奖品，以便他们能对外展示自己的成就。老鹰型的人是所有类型之中最自信、最有激情的人。身处高度竞争的环境，他们才会意气风发。给他们一个具有挑战性的目标，特别是可以获得更高地位的奋斗方向，他们会全力以赴，不达目的决不罢休。

老鹰型的人只受个人意志的驱动，锋芒毕露。其他人感到畏惧的局面，他们反倒能应付自如。因此可从一开始就把他们向领导者方向培养。

假如他们不能很快见到行动的结果，他们很可能不假思索地立即转向其他挑战。

他们喜欢按自己的方式做事，狂放的野心会过度膨胀，他们可能会对你提出过多要求，过度占据你的时间，对此你千万不可妥协。

老鹰型的人魅力四射，而且收发自如，有能力轻松应对其他类型人的挑战。因此要巧妙调节，不可使他们强劲的竞争意识与团队其他人发生冲突。

心思缜密的猫头鹰

要动员精明的猫头鹰型成员，需要动用确凿的事实、图表和数据。一旦他们掌握了详尽资料，无须你多加提醒，他们自会耐心、细致地工作下去。

你完全可以信赖猫头鹰型成员，他们是可靠的工作者，不会贻误工期，错过获得奖励的期限。只需提醒他们不要过度拘泥细节，顾此失彼。

猫头鹰型的人可能需要他人协助补充其他技能，譬如他们沉迷于数据，却不善交际。应当让他们知道，不是每个人都像他们一样，热衷搞清每一条保险条例或产品规格。

对那些矢志于成为领导者的猫头鹰型成员，应鼓励他们不再过度拘泥细节，选择比较粗放的工作方式。

动员猫头鹰型的团队成员，要有足够的耐心和循循善诱的引导方式。

漫不经心的鸵鸟

鸵鸟型的人注意力比较容易分散。应密切关注他们的状况，提醒他们不要错过奖金或奖励的规定日期，因为他们很容易误解或看错具体期限。

给他们限定短期指标，比让他们追求长期目标要好。当然，他们会感到不解，甚至无所适从，因此要随时关注他们的工作进度。

可设法培养他们的幽默感，遇到困难的时候，不至灰心丧气。鸵鸟型的人不善于解决问题，遇到棘手情况，他们宁愿敬而远之，也不想招惹麻烦。

他们性情和蔼，比较合群，但当他们在不适当的时候出现在适当的地点，或者在适当的时间出现在不适当的地点，你不必大惊小怪。

情感丰沛的天鹅

动员多愁善感的天鹅型成员，一定要晓之以理、动之以情，并多加鼓励。尽量提供机会让他们证明自己，他们会努力工作以达到你所期待的水平。一旦他们取得成功，就会成为你们事业改变人们命运的鲜活范本。

天鹅型的人有时会听凭压力把自己吞没。遭受挫折之后，他们很难像别人那样迅速摆脱痛苦的纠缠。

天鹅型的人，只要遇到合适的引导者，就会精神焕发，动力十足，带动其他人一起奋斗。

羽翼丰满的天鹅会自动变成激励他人的楷模，为它羽翼下期待闪亮登场的小天鹅做出示范。

团队需要各种类型的成员

我们的团队，需要包容性情各异的人们一道工作，这样做的结果，远远超过由单一性格的人组成的团队。一个成员多样化的团队会有更大的创造性，每个人又都可以从团队更广阔的前景和更丰盈的才智受益无穷。

你的团队规模越大，团队成员的性格就越发多姿多彩。毫无疑问，人们会有各种各样的问题，有的人令人愉快，有的人刻薄难处。同样，你会遇到实干家，也难免有人惰性十足。有些人甚至非常难缠。

远见卓识的领导者，能够海纳任何类型的团队成员，无论他们是否容易培训。同时，他们会尊重每个成员的心智——那是神圣不可侵犯的。

第十三章

从新星到巨星

培养领导者而不是追随者，才是你的要务。

——玛丽·克里斯坦森

直销领导者所能收获的最丰厚的褒奖，就是能让所有团队成员的事业大获成功。帮助他人实现自己的理想，再没有什么比这种成就更令人欣慰的了。

直销业最大的成功，在于把自己的经验和技术传递给更多的从业者，本人也会因此大受裨益。作为卓越的领导者，你得到的酬劳，也足以让你的生活改天换日。看到自己团队成员的业务蒸蒸日上，得以享受公司提供的奖励旅行，参加业界的领导人会议，或者拿到大笔现金奖赏，是领导者所能得到的最珍贵的礼物。

有计划地培养和提拔直销团队里的领导者，就等于给你的每一位直销明星提供最好的机会，让他们变成直销巨星。

为团队里最能干的直销员制订专享支持计划，给他们力量，为他们装备技能，直至他们有能力独立领导自己的团队。这些新的领导者又可以复制你的领导者培训程序，培养和提拔新的领导者，你的组织就会发展得枝繁叶茂，可以长久发展下去。

即使你本人只是一名富于进取心的新人，你同样可以启动自己的领导者培训计划。每一位领导者也都是从开发下一位领导者入手的，一切工作按部就班展开后，就可以集中精力，寻找团队中最有潜力的人选。随着团队的发展壮大，会有更多新星应运而生，你的培训计划也需要相应扩展。

倘若你觉得目前还无法实施一个过于宏大的培训工程，可以先从小事做起，譬如：组建一个旅行俱乐部。成立这样一个小组的目的是鼓励团队成员积极争取获得公司的旅行奖励。得到旅行奖励的直销员，心气十足，可能很快就变成新的领导者。你可以设计各种新奇的领导者培训计划，创造性地开拓培训方式。

无论你选择什么方式，领导者培训计划的要义，是为团队成员提供更好的培训和支持，让他们能充分展示自己的希望和潜能，以及学做领导者的意愿。要想达到这个目的，我们需要两个关键的参考指标。

第一是他们过去的工作状况。如果你的参考指标是他们实际工作的表现，你的规划就是具体和可信的。

这种考察方式也比较易于实施，因为考量具体工作的唯一标准就是工作的结果。

提拔条件不成熟的团队成员做领导，很可能影响培训结果。如果你的团队成员非常渴望加入培训，但是又缺乏前期工作的经历，你可以让他们先承担一些工作，以此证明和提高自己的工作能力。

第二个参考指标是他们发展的可持续性。培训的目的是不断提高领导者的工作能力，因此应该给他们的工作以不断提高的期望值。参与者征服的目标越多，你的培训结果就越好。这就是动员大家努力的神奇所在。培训工作越成功，就会吸引越多的成员参与。

你的领导者培训计划还应与公司的奖励计划挂钩。奖励规则和奖励方式，是为激励员工的工作热情和报偿他们的优异成果专门设计的。

这一培训计划之所以能成为打造领导者的有力工具，在于所有章程条例都明确无误。任何人都能搞清楚，自己达到什么水平，可以得到什么报偿。

把你对团队成员工作的期望值与奖励计划挂钩，你既有了可以衡量的具体目标，又有了相应的奖励标准，可以有效调动领导者们的工作热情。

倘若你在团队中发现了新星，即便他们只是新成员，也可邀请他们加入领导者培训计划。这些新的竞争者，在努力争取得到所有快速启动奖励的同时，会更早展现出他们潜在的资质。

至于你团队中那些善于“长跑”的健将，恐怕要花更多时间，才能发现他们实际的“步幅”。耐心、持久地工作，这是高层领导者需要具备的重要资质。有些人起步较慢，但能稳步向前发展，虽然业绩平平，但经过数月甚至数年的发展，却能出落成为优秀的领导人才。

永远不要轻易否定任何人。只要善于激励，人们心中的目标和想法都会不断发生变化。

邀请团队成员加入培训，无形中就会赋予他们一种强大的信心，尤其当你这样说的时候：

★ 我注意到你的业绩十分出众，你的确是块当领导的材料。我邀请你加入我的领导者培训计划。

★ 你天生就是个当领导的材料，我有一个好消息告诉你，前两个月的工作业绩足以证明你有资格成为我们明星培训计划的成员。

★ 你加入直销团队刚刚三个月，可是你的业绩却相当不错。我想让你加入我们的高手俱乐部——或许你觉得有点意外。这个小组已经有了两个成员，所以，你们现在就可以开始争取最高业绩大奖了。

让你的领导者培训计划更具体、更简单的八个步骤

正如你需要为所有新成员设计合理的发展线路，你也需要为领导者培训活动设计一个可以逐步实施的明确规划。

1. 与每个有志做领导者的新成员面谈，激励他们，并帮助他们确立具体的工作目标和长远规划。不要仅限于对方在欢迎式上表述的意愿。应根据他们各时期的变化重新评价和更新他们的期望值，

况且，还有什么变化能与他们决定跻身领导行列相比呢？

相应于接下来两个更高层级的奖励标准，为他们列出各项具体要求。但不可操之过急，或突然增加过大负担，以免让他们望而却步。集中针对下两个层级的目标，强调“成为领导者并非终点”的概念，鼓励他们继续努力。始终要密切关注他们的进步，一旦达到一个新的层级，很快他们就会做好准备，向更高的层级进发了。

当他们完成了个人和团队的主要工作任务，应当及时给予肯定。制定每星期的工作目标，好于制定每月为周期的目标，因为你更容易监控他们的工作状况，随时反馈信息，并及时给予帮助和培训。

要确使明星成员理解坚持不懈工作的重要性，缺乏耐心和毅力，未来就会出问题。倘若他们的工作状态不稳定，时好时坏，就无法为各自的团队成员做出好的示范。

2. 做好定期培训规划，随时为他们补充动力。

培训的形式、地点和时间，可以根据受训成员的需求和状况决定，也取决于参加者的人数。另外，倘若公司或上级领导者举办培训活动，你也可以善加利用，带队加入。

3. 可以选择每月最后一周来总结当月的工作，安排下一周的计划。不要忽视基础。如果你的团队领导者们没有拿到任何签约，他们就无法得到提升。应鼓励他们在特殊活动中合作，譬如集资活动、商贸展示会、招商洽谈会以及团体培训活动等。应利用各种场合公开称赞他们取得的成绩，尽可能鼓励和动员每一个团队成员。

4. 领导者培训没必要搞得过于复杂。对直销员培训的基本原则，同样适用于领导者的培训：

★ 现在他们需要知道些什么？

★ 现在他们需要做些什么？

无需重费心思撰写自己的培训材料。这本书本身就是构建、领导、管理成功直销团队的一本综合指导书，每一章都是关于一种领导方法的完整指南。你可以把你们公司的管理手册和这本书结合起来看，让你培训的新领导们有一套行之有效的工作准则，以便他们在培训各自新成员的工作中有章可循。

应善于平衡运用自己的时间，培植一种独立担当的风气。培训开始前，应让每一个受训者自己阅读本书各章和公司的领导手册，提前准备好各自的疑问和评论。如此，你在培训的具体内容上花的时间越少，可用于实践教练的时间就越充裕。

5. 如果没有后续的实际操作，坐而论道式的培训就毫无价值。相应于每一项工作指南，都应要求参与者根据学到的东西写出自己的行动计划。

他们的行动计划应包括下列两方面的内容：

★ 我从这一课里学到的关键知识是什么？

★ 我如何在自己的业务中应用这些知识？

应尽可能让他们的回答独具特色。譬如：我决定不再拖拖拉拉，听起来很带劲，但是要用这来鼓舞自己的团队领导，不免显得含糊不清。

我决定每天上午 9:00 至 10:00 的时候打出 10 个电话，这就是一个具有实际意义的行动目标。

为了让每个人的行动计划具体、明确，有效方式之一就是要求每个参与者回答下列问题：

★ 我将开始做什么事？

★ 我将不再做什么事？

6. 有所担当和值得信赖，是领导者最重要的素质。协助每一个参与者计划好每周的一对一洽商和联络电话，评价前一周的工作，商议下一周的工作安排。鼓励每一个新的领导者认真对待自己的商务，做好每周的工作计划，并要求他们分别通过电话与你联系。假如你给他们打电话，就等于把他们放在乘客座位上，然而领导者应该成为驾驶员。

7. 尽管你会随时奉献出时间，尽可能帮助他们，但是你培训团队领导的目的是开发他们独立工作的能力。当他们向你要求帮助的时候，不要立即插手去解决他们的问题。相反，应向他们提出下列问题：

★ 你认为这件事应该怎么处理？

★ 你认为什么是最好的行动方案？

★ 你有没有试过设法解决这个问题？

有时候，你的受训者只不过需要一个机会来跟你探讨一下解决问题的方法。

8. 你或许会遇到这样一种局面：有些人在事业进展中踌躇不前。他们各自都有不同的状况，只不过，允许任何明星坠落，都会对整个事业造成不良影响。对那些驻足不前的领导者，最好的办法是给他们一个喘息的机会，待他们状态恢复，可以重振旗鼓的时候，再邀请他们回归团队。

然而，对那些不思进取，无可信赖的成员过于放任，就是对那些勤奋工作的成员的打击。因此，一定要高标准、严要求，不可在原则问题上妥协，这样才能培养出坚强的团队领导。

扩大培训范围

随着新星数量的上升，你自己的收入和工作能力也会增长，你也会拥有更多的资源来从事更多的商务活动。

应给予那些直销新星更多机会参与工作计划的制定，在团队会议上表达自己的见解。让他们承担团队前导，发起和组织各种活动和商品展示，这是发挥他们领导力的最好途径。

尤其应在特殊的公共场合，认可和奖励他们的工作。

帮他们提升自己对生活的憧憬，以激励他们向更高的目标奋斗。不知还有什么更好的设想，比下列内容更有驱动力：

★ 出席全国业界的高层会议

★ 在各种团队活动中，让他们享受前排席位、赞誉和奖励品

★ 享受一整天的高级保洁服务

★ 在高档餐厅享用一顿美餐

★ 意外收获特殊奖励，譬如购物券或优惠券

★ 得到公司附送的精美商务用品

当你的直销新星纷纷成长为行业巨星，也不可停止自己的领导者培训工作。尽管有些领导者已经可以独当一面，开展自己的业务，然而进一步扩大团队合作，积极拓展商务活动，你们还有更多的收益。

所有团队领导者把自己的人马召集起来，举行轻松活泼、引人入胜、鼓舞士气的团队会议，也是一种很有效的工作方式。拿出一定的时间、资源、技能和资金，你完全可以把这些活动搞得有声有色。

邀请他们进入“执行委员会”或“顾问小组”，可以为你最能干的团队领导者提供很好的机会，多方合作，扩大视野。根据你团队成员的工作表现，给予他们受邀进入高级团队的殊荣，也是一种有效的激励方式。

为业绩最突出的团队领导者提供休息的机会，暂时从紧张的工作中抽身，调整身心、养精蓄锐，他们就能以更大能量投入工作、继续发展。每年一度的全体直销员大会，一定要选择一个引人入胜的地点召开，譬如高尔夫球场或游乐胜地，这样做可以很好地把商务活动、人际交往、娱乐活动和改善心情有效结合起来。

如果你搞的活动无法调动大家的兴趣，那么各方面的收效都会大打折扣。

第十四章

打造团队精神

要让人们易于加入，难以离开。

——玛丽·克里斯坦森

人们加入你团队的原因，未必会成为他们留下来的理由。他们加盟一个企业，是因为他们喜欢它的产品、产生收益的机会，或许也因为他们喜欢你。然而要决定留下来，他们需要有一种归属感。

你能为自己事业奠定的最坚实基础，就是人与人之间的良好关系。你和团队成员之间的关系越亲密，他们的心情越轻松，就越能长久地在这里工作下去，也就是说，他们就越发难以离开这里。倘若大家关注的唯一对象就是商品，那么，一旦他们的物质需求得到满足，或者转而对其他品牌产生兴趣，就会义无反顾地离开你的公司。倘若一切工作不过为了金钱，那么些许困窘，就可能使他们知难而退。但如果能在他们和你，以及其他团队成员之间建立起牢固的感情纽带，大家就不会轻易想到离开这个集体。

卓越的领导者会昭示属下：相比于坚守，离开的损失一定更大。他们会尽力让人们感到自己是备受欢迎和尊重的。即使有人怀疑这份事业是否适合自己，或者怀疑自己是否适合做这个工作，他们也不至立即想到离开这个团队。

在这件事情上，领导者的作为极为重要，不可对事态听之任之。你真心关切自己的每一个成员，他们才会倾心关照你的事业。深厚的友谊应当成为你事业中的核心元素。你需让每个人知道，你珍重他本人的价值，而不是把他当作生财的机器。你的推销员都是有血有肉的人。他们的个人生活与他们的事业是紧密相关的。优秀的领导者会把这项工作当作自己的要务，对员工的生活和工作状况都有很好的了解。

最近我搬到了一个新的住区，想加入一个俱乐部。因为当地有两家俱乐部，我想先去各家看看，然后再决定加入哪一家。

在第一个俱乐部，我向组织者做了自我介绍，可是对方很忙碌，只拿出几秒钟的时间接待我。尽管其他员工表现得很友善，但我却再没有机会跟组织者交谈。我等在一边，直到会议结束，她和几位员工还在喋喋不休，全然无视我的存在。

在第二家俱乐部，我却受到热情的欢迎，会面开始后，组织者把我介绍给那里的每个人。会面后，她对我的到访表示感谢，给了我一张时间表，并且说："希望下周还能见到你。"

不出两秒钟，我就知道自己该选择哪家俱乐部了。

道理很简单。人们会去那些他们感到自己受欢迎的地方，而且，如果他们觉得自己受到包容和重用，就会选择留下来。你需要投入大量时间来和每一个新成员交流，无论对方角色大小，你都不可轻视。实际上，让人们感到自己很受欢迎和器重，并不是一件太费力的事情。

认真做这件事，因为这是一件正确的事情。世事难料，小角色或许也能成就一番大事业。如果小角色能受到欢迎和敬重，以及来自团队其他成员的热情接纳，他们或许会发挥难以估量的巨大作用。

开创团队精神

年度活动的宗旨之一，就是打造一个团结的团队，让每一个成员都能感到自己受到尊重和欣赏。

★ 每一年开始，每个成员都要把自己的年度奋斗目标告诉大家。这有助于激励那些尚未完成既定任务的人确定新的努力方向。根据他们制定的目标，可以经常提醒他们。任何成员完成自己的既定任务后，应认可他们的成绩，祝贺他们"为团队做出了一份贡献"。

★ 共同的奋斗目标会强化团队成员之间的亲密关系。每年的奖励旅行，是团结所有怀揣共同梦想者的绝好机会。对所有成员公布奖励旅游的目的地之后，号召所有成员努力做好自己的工作，争取让整个团队获得旅行奖励。

★ 团队会议是强化团队精神，凝聚全员力量的有效方式。在第17章，我列出了一些具体建议，专门探讨如何把团队会议主持得引人入胜，以及如何激励每一个团队成员——即使是团队中最不起眼的小角色。

★ 每星期，都可以让团队所有成员通过电邮相互沟通，及时了解有关产品、奖励制度以及各种活动的相关信息。

★ 你还可以通过“Facebook”与团队成员联络、交流。还可以设计专门的团队网页，发布业界信息、分享人们的感受和见解，颁布对个人业绩的认可和奖励。“Facebook”只需占用零散时间，可以随时发布消息，并能很快在团队成员间传播。

★ 任何时候，都要尽力让团队成员有所期盼。无论是全国业界大型活动、团队联欢会、新产品发布会，还是未来的奖励，应确保高期望值。保证团队成员专注前行，达成一个目标，随之促发下一个目标。没有漫无目的的停滞期，人们兴趣转移和改换门庭的几率就会较小。

★ 召开全国业界大会是一项重要议程，应鼓励每个人提早做好时间安排，筹备所需要资金。团队大多数人都需要提前做好准备，尤其是安排好家务，预定照料孩子的保姆。另外，越早会议注册，费用越低。若能每月专门留出几美元，积攒起来用于机票和住宿支出，比临时从生活费中拿出一大笔钱来，要轻松得多。

★ 团队作为整体，出席全国会议，同吃同住，坐在一起开会。这对新加盟的直销员来说是一个全面体验团队文化的机会，因此对他们尤其要精心关照。晚上的自由活动时间，至少安排一次集体活动。

★ 为强化自己团队的独特风格，可以在大型活动时选择统一色调的着装。微不足道的举措，也可能大为提升团队士气。

调动每一个团队成员的积极性

为发布我的新书《成为聚会策划巨星》，我在美国和澳大利亚很多地方现场演示了聚会的策划和安排。

让我印象极深的是，有很多团队集体到场，整建制地坐在一起，阵容齐整地列队亮相。很多团队甚至提前进场，会前集体进餐。另一些团队在会后安排集体活动。

很多行业的领导者甚至停下他们的常规培训，鼓励自己的属下前来观摩我的演示。不过，他们并未放弃自己的培训。很多人提前预订了会场座位，我很高兴为他们做好安排。有些人还带来了很多小礼物，送给团队的每一个成员。不少团队都是穿着色彩鲜亮的统一服饰到场的。

有一个高层领导者，带着她阵容庞大的团队进入会场，所有人的衣领上印着粉色的非洲菊标志，非常醒目。这样做，她很容易在人群中发现自己的属下，团队成员之间也很容易相认。

她的团队分布在全国各地，然而无论走到哪里，只要我看见带有非洲菊标志的衣领，立即就知道是她团队的成员。这是一个相当高明的策略。

一定要不失时机地让你的团队成员从事各种形式的集体活动。有些简单的举措，譬如为每个团队起一个别致的名字，也会提升团队的士气，尤其是，让全体团队成员争相开动脑筋，看看谁能想出最有意义的团队名称。

关于培育团队精神，这里还有一些可供参考的方式：

★ 鼓励每个人择期举办商务推介活动，向顾客展示新产品。还可以举办“点子大赛”，征集人们的各种创意。活动过后要认真评议大家贡献的“点子”，以便人人可以受到启发，并把那些创意应用到未来的活动中去。

★ 带领整个团队到各种展览会、商品展销会或产品发布会上去开设自己的展亭。尤其在隆重推出新产品的时候，这会大大提升团队的凝聚力和工作效率。

★ 在社区里举办活动，也是一个强化团队意识的途径。联合当地的慈善机构，为有需要的家庭提供服务和产品。向老年人活动中心赠送小礼物、添置或维护生活辅助设施。这样做，不仅能提醒团队成员，为自己拥有的一切感恩，还可以为周围人送去关爱和实实在在的帮助。

★ 谱写团队的队歌，把它们定为电话铃声、预定铃声或展示会背景音乐，也是一个令人振奋的做法。

及时奖励最热心的参与者以及销售、预定或推介业绩最好的成员，鼓励更多的团队成员参与业绩竞赛，并以轻松愉悦的方式勉励他们，譬如：即兴地给予非竞争性奖励。对于业绩一般的工作者，没有什么能比诙谐的谈笑更能驱散失望情绪的了。这一点，我个人就有很深的体会。

我参加过一个提升演讲技巧的“致辞大师”培训活动。那里为成绩最好的人设置了很多奖品和奖杯，但是最具轰动效应的奖品是一个骨质奖杯。

那个骨质奖杯被喷上了粉色荧光漆。每次聚会结束的时候，它都会被奖给某个失态最严重的人。

我的讲演经常结结巴巴，出现失误，很多次都是带着那个荧光骨杯回家的。那个丑陋的奖品很大程度上缓解了我沮丧的情绪和缺乏自信的心态，出乎意料地改变了我的心境。

事实上，我太多次赢回过那个粉色奖杯，也可以说，它在我的壁炉架上度过了很多时光。有一天晚上，我终于没把它带回家。然而第二天早上，我四岁的儿子对我说：“妈妈，那个粉色的罐子不见了。”

★ 并非所有活动都要搞得郑重其事。有时，很随意的举动，譬如：告诉电话的另一端：你很高兴听到他们的声音，也会起到意想不到的作用。永远不要给人一种你“很忙”、“压力很大”的印象。

倘若你接过电话，想让对方换个时间重新打来，那么先用友好的口吻问候对方，就比较易于打消对方的不快。

★ 最强烈的情绪是爱的感受。与之相反的是冷漠。谁都不愿意受到忽视或排斥。我们都喜欢自己有种“独一无二”的感觉。当你选出一个人，对她说：下个月有个很特殊的聚会，我特别希望你能参加，因为有你在，几乎就可以指望他们悉数到场！

假如有人错过了会议，你可以打电话过去说：我们的聚会可棒了，可惜你没来，下次你若能来，到场的人数还会戏剧性增加！

★ 一定要记住每个团队成员生活中的重要纪念日。譬如赶上他们的生日，千万不可因为太忙碌而忘记发去一张贺卡。要询问和记录他们每个家庭成员的情况，甚至记住他们成绩优异的孩子。没有人会轻易离开与自己私交亲密的同事。

★ 一个能让你随时掌握团队成员生活状况的有效方式，是在每年开始的时候，发给大家一份简单的调查问卷，要求他们写出过去一年个人生活和事业的重大变化。你一定能看到很多有趣的事情，它们为你补充了很多必要的信息。

★ 要利用一切机会展示你对团队的信赖。当你的领导能力得到认可，一定要公开表达你对团队成员所做贡献的尊重和感谢，私下也要分别感谢每个付出努力的人。团队取得的成绩，是你事业所能获得的无价财富，也是团队的骄傲。

所有工作的底线是，绝大多数直销员都不会主动离开这项事业。有些人难免产生一时的动摇。然而，只要你和大家以及团队成员彼此间建立了深厚的友情，大家就愿意守护在一起，同甘共苦，协力奋斗。

只要你真心关切自己的属下，你就会竭尽所能创造一个良好的氛围，让每个人都能尽情发挥聪明才干，并能及时得到认同、欣赏和感谢，更加快乐地一起工作。

你要判定自己想要归属一个怎样的团队，你需要亲自去创建它。你要判定自己需要怎样的团队领导者，你必须首先成为那样的领导者。

第三部分

商业领导力

把直销办成真正的商务。

——玛丽·克里斯坦森

第十五章

远见卓识的领导者

永远站在能对结果产生影响的位置上。

——玛丽·克里斯坦森

你的收入完全取决于你经营的成果，因此，你不可以顺其自然的态度处理商务，因为你输不起。你和辖下的所有人，投入的劳动时间越多，工作效率越高，你们所有人的收益就越大。每星期对每个团队的经营状况有所了解，你才有可能在适当的时间采取适当的行动，调整团队的运营状态，为所有人争取最大的收益。

你可以把它看成是一种“没有意外”的工作方式。当你随时知晓系统内“发生了什么”，你就能随时知道哪里需要你的关注和工作。

以一个月为周期的规划管理，不是高效的工作方式。每一位毁约的客户，每一次取消的约谈，每一个流产的聚会，以及每一个改变的加盟意图，转身离去的拓展对象，对你和你的团队成员而言，都是一笔收益的损失。

设想这样的寻常景象：

★ 在上个月的促销活动中，一位团队成员由于算错了销售额，白白搭进去一个假期。这个现实的打击，使他因此丧失了做直销的兴趣。

★ 一名新成员忘记在快速启动奖励截止期前下订单。对一个原本大有希望的商务，这样的开端的确令人遗憾。

★ 一名脱颖而出的团队领导，被工作拖延的团队成员拖了后腿，后者原先承诺签单，后来又决定延迟到下一个月。除了表示同情，你无法恭维这种状况。

★ 一名有前途的新成员在最初三个月里未能招募新人，但你既不调查原因，也不提供帮助。三个月后他离开了直销团队，取消了所有合同。你为发展他而做出的全部工作都泡汤了。

这类情形，若是领导者能随时掌握团队的工作状况，其实大多可以避免。问题不会自行消失，人心却很难预料。倘若他们不能及时得到所需的帮助，事情就很难说。你必须在随时了解团队成员状况的情况下采取行动，及时做出工作调整。

或者，你未雨绸缪，有条不紊；或者，你漫无章法，顾此失彼；二者必居其一。

系统资源应随时用于支持最有创造力、也最有利于系统建设的团队和成员。

领导工作行之有效的十个方法

提前做好计划，对未来工作的顺利和高效大有助益。

1. 制作一个日程框架表。足以显示你对自己事业的重视。利用这个清晰的日程表，你很容易规划自己未来的培训和支持性工作。

提前一年做好未来规划，标注好培训会议、团队联络、展览会、促销活动、募捐活动以及公司的各种会议，如全国业界大会、地区性业界会议和产品发布会。

从分析团队领导者的工作能力入手。在做全年规划的时候，很容易确定哪些团队活动可以合并，哪些活动可以分散进行。

在公布之前，要认真核查自己的年度计划，以免与重大活动或公共假期发生冲突。

即使根据公司发布的活动计划，包括资质认证和奖励活动的时间安排，及时更新自己的计划日期。你一定不希望任何人由于计划冲突或你的通知不到位而错过良机。

年度规划公布后，就尽量避免不必要的改动。你的团队成员理应得到可以信赖的工作日程。频繁变动很容易引起人们的困惑，进而使工作陷入混乱无序。

有了细致、周全的预先计划，你对团队工作按部就班的开展就更有把握：

★ 马上要有一次大型商品展示会，我们需要一起来做这件事。

★ 要开团队会议了，确保全员出席。

★ 要开全国同业大会了，我们需要集体出席。

★ 有新产品发布，所有成员都可以主办自己的推介会。

2. 鼓励迅捷、高效的工作方式。你绝不会希望任何人由于最后一分钟的拖延或取消合约而错过获奖的机会。

为了防止团队成员因无法达到目标而失望，可以建议他们每个月提前做好自己的工作规划，譬如，标注好各项预约和展示会的日期。这样即使发生临时变动，也有足够的时间调整和应对。

避免把工作累积到月底，为了完成公司指标而做最后冲刺，可以激励团队成员在前半月加紧工作。

3. 放大时间的利用效率。尽管你矢志于做一位称职的领导者，牺牲掉所有个人时间也是不现实的。永远要为自己的个人活动预留时间，规划好自己的聚会、展示会、客户约谈以及招募新成员的日期。

如果你的个人事务散乱无章，业绩平平，在团队里其他人表现优异的情况下，你的收入就可能受到影响。通常你可以这样检查自己收入的保险度：从团队收益总量中减去明星直销员的最高收益。如果在没有明星直销员业绩的情况下，你仍可以保持应有的收入数量，那你的收益就可谓安全。

兼顾个人事物和团队责任的最有创造性的方式，就是在前半月多安排个人活动，在后半月多安排团队活动。一旦你的个人计划均告完成，你就可以转而把全部精力用在团队工作上，为团队成员提供所需帮助。

随着业务的发展，你的工作负荷越来越大，你就需要重新调整自己的时间安排。一旦你手下有更多新领导涌现，你就可以把自己的时间划分到三个方面：

★ 三分之一的时间用于个人活动

★ 三分之一的时间用于团体活动

★ 三分之一的时间用于扶持新领导的工作

4. 尽量提早做好每年的工作计划。预先做好计划和商业发展策划，你的团队就能在每个开年迅速展开工作，避开夏季的断档，在年底还能有饱满的工作。

你可以培训所有成员在每年十月或十一月就开始计划第二年的工作，以免下一年开初时日程表还未落实。每年十二月要对那些提前做好工作规划者给予奖励和激励。

给他们一个工作的理由，永远比给他们一个工作指令要有效得多。你能想出的点子越多、越高明，你的团队工作起来就有效。

假日来临，应鼓励每个成员给自己的客户递送答谢卡，尤其是新年的特惠券。倘若某些特惠券需要在每月前两个星期兑现，你的团队成员就有了一个很好的理由向客户打出联系电话。

宣布一月份为“客户拥戴月”，也可以促发团队的活跃工作。

为夏季聚会构思有趣的主题活动，可以维持团队在夏季继续工作。譬如：各种野餐会、泳池聚会、庭院聚会以及夏至日聚会，等等。

直销工作最基本的规则是，你接触的人越多，你的收益就可能越大。应鼓励你的团队充分开发网络工作，以便假期也能不中断直销工作。

应提醒他们在外出旅行，整理自己的泳衣、太阳镜等个人用品的同时，不忘带上产品目录、宣传册和样品等，以便随时利用。说不定哪位在他们旁边宿营的游人，就可能成为团队的下一位新成员、招待会主办者或客户。

团队会议应尽早召开，譬如每年九月，这样就可能使团队成员尽早从假日的悠闲状态恢复过来，尽快进入工作状态。休闲的时间越短，就越容易动员他们重新工作。

建议团队成员在孩子返校上校后，立刻举办家庭开放式商品展示活动。为了避免附近其他家庭的孩子蜂拥而至，可以等到校车把所有孩子送去上学后，再开使她们的展销活动。

可以计划在假期前一周举办现金–现货销售活动，捕捉假期前最后一刻的商机，销售和清理不受欢迎的存货。

在最后的假期订单完成后，举行团队年度庆祝会。

5. 通过认可个人和团队的成绩，促进大家的工作热情。当你设定了一个目标，他们是最终的执行者。然而，不同的人，需要不同的驱动力：

★ 个人成就。譬如，你实现自己最大愿望的事实，会极大地激发团队成员奋起追求各自的理想。

★ 团队内的竞争。实现最高销售量，招募最多新成员，拿到最多订单，这些出色业绩都会激励团队成员努力工作，相互竞争。

★ 连贯性的目标可以鼓舞和奖励团队成员稳定、持久地工作。

努力确保自己的名字经常出现在团队领导的前列，有利于鼓舞人们积极竞争。奖励业绩最突出的工作者，你可以这样表示：我最希望看到的是，我的团队成员业绩超过我，这比我本人拿到头奖还要令我高兴。

6. 一定要履行承诺。每个月初，要求每个团队成员把各自的工作计划告诉你，包括未来的活动安排和客户拓展计划。把这些计划分别记录在一张大型日程表，或墙面挂图上。假如你发现他们预计的工作不足以接近团队目标，就可以尽快开始寻找更多产生商机的机会。

对新加盟的人员、持久工作的成员和称职的领导者，都要密切关注。每月提早告诉团队成员："根据你制定的目标，这份计划似乎分量不够"，远比到最后再迫使他们加班加点工作要好得多。

持续工作一段时间后，你会发现，利用电子设备监控工作进度固然比较轻松，不过，大型日程表或工作进度挂图，更方便把一切状况尽收眼底。你的图表越清晰，你就越容易发现哪个环节需要你的支持。

7. 尽量按照日程工作。经常把工作成果与工作计划进行对比，及时发现完成工作量的超出或欠缺，并随时做出响应。

对那些策划了展示会的新人，及时打电话鼓励；在他们主办展示会的第二天，要及时评价他们的工作，并给予鼓励或指教。

在那些比较有经验的团队成员举办各自聚会之前，可以给他们发去信息鼓励一下，并要求他们在活动结束后立即把结果告知你。然后追踪了解他们的工作状况。工作取得进展的成员，对你主动打电话祝贺，自然会心存感激；若能及时发现和解决问题，更是对他们莫大的帮助。

8. 不要滞留信息。随时注意和响应来自各层团队的信息，避免那些通常易于出现的疏失：

★ 公司传达了一个消息，全体团队领导晋升截止期延后一星期。你漏读了这条消息，因而未能通知自己的团队。由于你的失误，大家就无法享受相应的便利。

★ 假期前一周，公司提示所有领导者：某些抢手货业已售罄。你觉得没必要做什么，因为几天后，新的订单才会上传。你的团队成员还在照常推销他们的产品，很快发现已经没有现货满足客户的订购。于是所有人只好到处搜寻、拆借，勉为其难地为客户供货。

★ 你去参加行业领导者大会，收获了大量真知灼见。然而你没有及时通过电话把这些信息传达给自己的团队，相反，你打算把它们整理成文字，让团队成员去传阅。几个月过去你都没有挤出足够时间来编写那些东西。你始终疲于应付各种事情，最终，那些宝贵的点子还没来得及被你派上用场，就被排山倒海般涌来的信息淹没了。

应尽可能及时甚至提前把各种信息和思想传达给自己的团队，以便他们能更轻松、顺畅地经营自己的商务，并且从中获取最大的收益。

9. 鼓励大家在自己团队的 Facebook 主页上分享信息、交流看法，反馈意见。我经常在那上面发布对上层团队领导进行培训的信息，他们经常会很快跟帖回应。几天之后，那些培训信息下面就会出现“我试过了这个办法，很见效”之类的跟帖，进而使培训效果大为提高。

10. 要随时跟上社会发展和进步的潮流。一切都在变，今天你还能指望的事情，明天就可能不存在了，公司也要不断修正自己的制度，才能适应市场环境的变化。因而你越快适应这些变化，你的团队的适应和转变也就越平顺。

还要随时留意人口统计学的变化。现在，1980 年至 1994 年之间出生的人群，构成了世界上最庞大的消费者群体。这是一个不可忽视的商机。因此应该积极寻找年轻人，把它们作为主要消费者和潜在的发展对象，因为他们才是你未来收入的源泉。

道理其实很简单。只有提前行动，你才能随时提升团队的士气，提高他们的工作效率和产生的效益。通过协助团队成员获得争取最高收入的机会，你自己才会有获得最高收入的机会。展示自己迅捷、高效的领导力，你也就为所有下级团队领导树立了可供效仿的样板。

第十六章

更聪明地工作

最大限度合作，带来最大化的收益。

——玛丽·克里斯坦森

尽管真正的行动是在直销一线展开的，你的商务也还需要大量的后台管理工作。关键在于，尽可能少把时间花在文案上，因而可以有更多时间与人打交道。下列七个步骤可以帮助你减少用于非创造性活动的时间，让你有更多时间去创造更高的效益。

第一步：公司能做的事情，你不必去做

让公司去处理经营的终端事务，你的时间要用在一线。

直销的一个最大优点就是，你无须书写经营计划。公司的酬劳政策已经明文规定你需要完成的各项工作，以及你每一阶段达标可获得的酬劳和奖励。你只需根据公司的规定来调整自己工作的方向。

公司的激励计划是专门设计来奖励那些创造收益的直销员的，因此你需要培植的团队文化也应遵循“人人瞄准具体奖励标准”的原则。应时刻记住，双重的激励政策是不明智的。当公司有了一项激励政策，你同时加上一项自己的激励政策，就等于白白浪费。

尽管有时你也需要设立某种形式的奖励，以便促使人们从事特殊的工作，也还是需要尽可能简朴，避免不必要的破费。即使你花得起，过分的奖励也容易让团队成员不思进取。要刻意把争取奖励的过程划分成短小的时间段，这样，直销员每完成一定时间的工作，

就能得到一次奖励。因为较长时间的奖励会让工作滞后者因感到无望而气馁。

要充分利用每个公司的激励政策，包括邀请公司的培训者到你的经营场所去参观。利用他们的到访活跃你主持的聚会活动，催生人们的兴趣和热情。他们能接触到的团队成员越多，你们的获益就越大。遇到重大活动，要鼓励外地的团队成员尽量合伙搭车和分摊住宿费用，也可请求当地团队成员招待他们的食宿。

第二步：百分之百支持你的公司

一定要尊重你与你所加盟的公司之间的关系。你不见得赞同公司的所有政策（正如你的公司也不一定赞成你做的任何事），但这不允许你违反公司的政策。一间拥有成千上万分销商的公司，自有十万、百万众的客户，人们各有各的见解，各有各的状况。正可谓“众口难调”，谁也不可能同时让所有人都满意。

然而公司也有出错的时候。譬如说，一个不敢采取大胆行动或不敢承担一点风险的公司，只能停滞不前。

不要把自己的时间和精力浪费在你控制范围之外的事情上。努力提升自己的经营效果。在自己的一片天地，你完全可以用自己喜欢的方式去做任何事。

第三步：不要去做那些原本可以规避、放弃或委托出去的事情

你永远没有足够的时间去做自己需要做的事情，因此不要把时间浪费在不必要的事情上。你的收入来自销售、主办活动以及培养团队领导者，这些事情都要求你付出时间。

不要让过于纷繁的杂事羁绊你的业务。你的办公环境，无论设置在自家起居室的一个角落，还是在一间宽敞、气派的办公室里，你都要把一切管理得井井有条。杂乱无章的工作环境会很难让人精

神集中。头绪混乱的头脑更是难以有效工作。

每周举行一次聚会，对拓展业务很有帮助。聘请一名办公助手，或保洁工，帮你清洁办公环境，会为你节省出很多可用于工作的时间。一定要聘请那些精神焕发的申请者，因为他们更有可能成为你下一个招募对象，尤其当他们看到你的工作的价值和丰硕的成果。

今天能做的事情，绝不要推到明天。未完成的工作是一笔负债，久拖不做的事情也不会变得更好做。每天结束工作之前，花几分钟时间，把每项工作做个了结，第二天早晨，你就能有一个条理清晰的开始。

无论对你自己的工作、你下级团队领导的工作，还是你的家务事，都不要事无巨细地亲自动手。有些时候，最好的策略就是放手。

第四步：合理利用自己的资源

相比于大多数的小型经济模式，你拥有得天独厚的优势——你加盟的公司所提供的顶级产品、培训和市场资源。要充分利用这种优势：

★ 不要自己制作宣传材料，或者为省几元钱而去复印厂家的资料。粗制滥造的宣传品只会影响你的商务形象。

★ 购买印刷质量最好的名片（只要在你购买力之内），版面时尚，精美整洁。幼稚的装饰和夸张的辞藻，都会影响你的专业形象。

★ 运送你的展销商品，要用专业的包装品和提包，并始终让这些用具整洁如新。

★ 不要让基本技能训练占据过多时间，相反，应该把时间更多用于有效的现场操作辅导。为你的团队成员列出一份推荐参考的书单，鼓励他们根据自己的需求独自阅读。这份书单可以从AMACOM公司出版的我的几本书开始：

——《成为网络销售巨星》详细介绍了制定聚会计划，从事直销或网络销售的具体方法。

——《成为网罗人才巨星》详细介绍了识别、联络和招募最有潜力的直销人才的具体方法。

——《成为聚会策划巨星》详细介绍了销售更多商品、拿到更多订单以及利用聚会或展示会创造更多商机的思路和方法。

——现在你看到的这本书，可以鼓舞、支持和武装你直销队伍里的新星，帮助他们成为各自团队的独立领导人。

★ 安排出一些时间，在你的系统内部启动一个读书俱乐部。每一个团队成员，若是看过我前面推荐的书籍，哪怕每星期只看一章，一年下来，相当于独立学完了五十个小时的课程，也会收益颇丰。若是能让团队成员分享人们提出的疑问和反馈意见，那么大家都能从中获益。

第五步：让你的个人业务产生双重功效

在工作实践中培训，总是比坐而论道更有效，因此，你应当尽量把新招募、没有工作经验的团队成员带到自己主办的各种聚会上去，以你的“助手”的名义，把他们介绍给所有来宾：

这位是萨曼塔，幸运的是，今晚我们两人一起举行这个聚会，可以给你们更多的关照。

带入聚会的资源越多，你的收益就越可能翻番。客户个人受到的关注越多，欣然消费的可能性就越大。

倘若你能带着团队成员一同出席与客户约定的一对一见面会，你可以告诉对方：

我希望你会高兴有泰勒参加我们的会面。他也刚刚启动自己的直销业务。

第六步：克服自己的弱点

不要忽视自己的弱点，因为那会抵消你的力量。譬如说，你能成功地培训出一批下级团队的领导者，可是他们不能继续培训新的领导者。面对诸如此类的问题，你或者怨天尤人（譬如，指责他们行动迟缓，或工作不够努力……），或者开动脑筋，积极寻找解决问题的办法。

在你动手解决问题之前，不妨先反躬自问：

★ 我相信自己的下属领导吗？

★ 他们知道我相信他们吗？

★ 我让他们做好领导团队的准备了吗？

★ 我的领导者培训方式可以复制吗？

★ 我是否过度表现自己，抑制了其他团队领导者的热情？

第七步：对工作中的挫折和退步，要善加控制

工作中遭遇挫折和退步是很难避免的。

有时事情并不大，譬如：销售量只差几美元，就没有完成限额，因而错过获得奖金的机会；或者：错过最后时限，失去大好机会。

有时事态很严重：你认为一切进展顺利的时候，团队却大量减员；你自以为很忠实的团队成员，现在离你而去，投奔其他公司；为自己团队争取到公车的希望落空。

倘若你听凭这些挫折施展魔法，你的一切努力将付之东流。挫折是事业发展的正常部分。对付挫折的唯一有效办法，就是亲自承担责任，拍掉身上的灰尘，加倍努力工作下去。

是谁惹出的麻烦，这并不重要，重要的是你如何去解决问题。好好想想：

究竟哪里出了错？

为什么会出错？

我用什么办法补救？

我该采取什么措施，防止这种事再次发生？

控制住事态的发展，你也就有了补救的手段。大多数失败源于行动不足或措施不对。如果你的团队缩水，很可能是因为你没有选对人，或者未能及时引入富于才干的新人，或者你本人没有充分发挥自己的领导力。所有这些危机，其实都是可以补救的。应该抓住机会，发展新人，把他们培养成更好的领导人。

不要向消极势力妥协。不要把失败归咎于个人，应从失败中看到前景。承认这是事业上的挫折，不等于承认个人的失败。听任挫折感在团队里蔓延是破坏性的，也是毫无意义的。

遭遇严重挫折的时候，要提醒自己，你并没有输掉一切，你的技能和经验都是你宝贵的财富，你从失败中汲取的教训会让你变得更聪明。重新设定你的目标，继续前进就是了。没有比新鲜的挑战更能有效抹去失败的不快记忆的了。

第十七章

让会议充满魔力

要锻造团队精神，充满魔力的会议是最有效的途径。

——玛丽·克里斯坦森

团队会议，是团队成员交流思想、提升士气、增强团结、切磋技能的有效形式，但是你不可认为团队成员会平白无故地喜欢开会。让你的会议充满魔力，你的会场才会座无虚席。相反，倘若会议枯燥乏味，你只能更多听到人们以各种理由推辞。

一个生动有趣的会议和一个枯燥乏味的会议，两者之间的区别是由细节决定的。要把会议开得生动有趣，你需要付出更多精力，不过，更大的投入也会换回更大的收获。能让更多团队成员共聚一堂，相互鼓励，充电打气，有利于推进他们所有人的事业。

把会议开得富于魔力的秘诀是要有如下亮点 (SPARKLE)：

★ 社交性（Socializing）

★ 参与（Participation）

★ 行动（Action）

★ 认可（Recognition）

★ 知识（Knowledge）

★ 笑声（Laughter）

★ 激情（Excitement）

"S" 表示社交性

每月一次召开的团队会议，可让你的团队成员从紧张的日常工作中得到一天的轻松、调整和更新，让背景不同但志同道合的人们相互激发工作热情。

人员到场后，不要急于进入你的正式会议议程。会议开始前和结束后，都应设置为团队交流时间，让它成为促进团队网络化和社会化的大好机会。

你应先于第一个赴会人员到场，因而可以亲自欢迎每一个团队成员。你也可以事先安排几个人协助料理会议的各方面活动，但不可让他们代替你迎接与会者，因为这是你面见所有团队成员的一个少有的机会。不可因为与个别一两个人攀谈时间过长而冷落了其他到场者。应尽可能亲切招呼所有人，即使层级最低的直销员，也应感受到热切的欢迎和诚挚的谢意。

应鼓励所有人出席会议，即使是业绩甚微或刚刚起步的成员。在一次领导者集训会上，我听到有人提出这样一个问题："对那些每次都来开会，可是什么都不干的人，我该怎么办？"

还没等我回答，一名刚刚上任的团队领导举手发言："我能回答这个问题，"她说，"我就是那种人。我一直很乐意参加这种会议，可是我有全天工作，所以我没有承接任何直销业务。不过后来有一天，我决定开始动手搞直销啦。"

不出三个月，她已经成为一级团队领导者，又开始向更高层级迈进了。

尽量通知更多人出席会议，不要让业绩平平的人感到愧疚或不好意思参加会议。团队例会是为全体人员安排的，无论个人能力高低。你不可能想象到，一次会议会激励哪些人奋起直追。

要确保为每一名与会者制作一个标注姓名的胸牌，包括上级与会者。有人会说："我不需要标签，人人都知道我是谁。"问题不在这里。问题在于，要让所有人感到轻松自在，无论新成员还是临时到场的客人，大家更容易相互熟悉，建立友谊。

如果你的团队成员习惯于安静地坐在那里等候会议开始，你可以动员他们站起来，相互走动和攀谈一会儿。最简单的办法是发给他们每人一份名单，以便他们发现自己感兴趣的人：

★ 谁是那个第一次参加会议的人？

★ 谁旅行去过最远的地方？

★ 谁新近加盟了我们的公司？

★ 谁同时兼做两份工作？

★ 谁家里的孩子最小？

★ 谁是作为客人到场的？

★ 谁在本月打破了销售记录？

这也是提高人际网络沟通技巧的黄金机会。要鼓励他们主动提问，譬如：

当他们发现某人同时兼做两份工作，就可以问对方："你是怎么承受下来的？"

当他们发现了一个新加入的团队成员，就可以问："什么事促使你加入这一行的？"

当他们发现某人打破了当月的销售记录，就可以问："你是怎么做到的？"

当他们发现有人把日程安排得很满，就可以问："你是怎么说动对方，同意和你见面的？"

正式会议议程结束后，你应留在会场，以便任何人都可以找到你。播放一段舒缓的音乐，邀请大家一起享用一些茶点。气氛轻松、活跃，大家就不会竞相离场。在所有人离开之前，不要急于收拾自己的东西。

“P” 表示参与

评价你的团队会议是否成功，要看你是否做到了“80/20 规则”的要求。也就是说，你用 20%的时间讲话，其余 80%的时间留给团队交流。这样的时间安排可谓完美平衡。

与会者到场的时候无需在门口签到，因而他们在接受过欢迎问候之后，立即可以大声招呼同道，尽情叫喊，宣布自己业务的新进展。这样做，既有利于凝聚团队精神，又有利于你了解大家的状况。如果是一场非常活跃的大型聚会，你可以指定一个人帮你开列一份提示，以便你到时参考。

每次会议，可以邀请三名处于不同业务进展阶段的成员，利用十五至三十分钟讲述他们自己的事情。这样，开过十次会议之后，就会有三十名团队成员分享过他们的个人经历了，你所有的团队成员都会从这三十段真实记录中获得启发和激励。要提前电话通知发言者，让他们有时间做准备。另外，这样做又使你得到三十个与自己的团队成员沟通、交流的机会。

鼓励所有与会者把各自的疑问写下来，带到会上，投入一个箱子里。邀请你的团队新星轮流抽取箱子里的纸条，试着回答那上面提出的问题。另外，还可以把这些问题做成电子文本，第二天放到网上或利用电邮传播，因而未能参加会议的团队成员也能由此获益。

每次会议，都要发动所有人开动脑筋，踊跃讨论，或者以角色扮演的形式探讨各种问题的解决方式。为了演示成功促销产品的方式，可以邀请所有人分享那些方式带来的成果。

为了提高聚会的功效，可以设计一个“最佳操作演示”的环节。把与会者分成几个小组，为每个组指定一个讨论题目，要求他们推选一名发言人向大会报告他们讨论出的最好的点子。可以让各组探讨这样一些题目：

★ 最有效的主办人培训方法

★ 把征召预定与产品展示相结合的方法

★ 主持人如何以激情感染来宾

★ 如何使产品推介更有说服力

★ 如何面对人们的回绝

★ 如何信心十足地结束聚会

如果你的培训内容与个人素质有关，你可以安排这些活动：

★ 参照第十二章的自我性格评价条目，让团队成员相互探讨。要求每个人写下各自的评价结果，然后在会上轮流向大家宣读。

★ 发给每人一份性格归纳表，让大家参照它的描述，发现每个人的性格特征。

★ 发给每人一个空信封和一些纸条。让他们想象尽可能丰富的人类性格。然后让他们在房间里走动，逐一向人们提出各种有趣的问题，然后在各自的纸上写下自己的猜想，把它们放入对方的信封，然后去问下一个人。最后，每个人去看自己面前信封里的纸条，以此了解人们对自己的看法。

★ 为了加大培训力度，让一名资深人士在模拟洽谈会或展示会的时候，试着扮演与自己性格全然不同的角色。

会议控制组的成员，要以事先设计好的仪式和规程来主持会议。计算好会议各部分的时间长度，指定一个专门负责掐表的人，以免某个环节或个人发言耗时过多，影响其他环节的进行，同时又不至打击发言人的热情。

但也要注意，不可成为“控制狂”。要给每人一个提出自己见解的机会，尽可能兼顾到所有与会者。尽量不让任何人受到冷落。任何人发言的时候，也不要让他轻易受到干扰。

会议就像一场演出，你不可能同时身兼导演、现场设计、舞台指导、乐师和出场角色，你无法同时做好所有事。因此要发挥团队成员的智慧和能力，共同把一场演出做成功。

“A”表示行动

你为每次团队会议投入了大量时间和精力，你希望看到这些活动的效果。效果来自目标明确的行动。在你设计自己的议程之前，先自问一下：

这次会议之后，我希望我的团队成员有哪些表现？

你可以依据自己列出的期望，诸如希望人们能够改进的工作态度、工作技能以及工具利用等等内容，反向设计你会议的内容。会议结束后，它产生的影响应该立即对人们形成挑战和鼓舞，激励人们迅速行动，向前推动自己的工作。

为强化培训效果，应在每次会后留给与会者一些问题，如：

★ 我从这次会议得到的最重要的启发是什么？

★ 我如何把这些经验用在自己的经营活动中去？

邀请人们在一张“议事贴”上，写下自己“需要采取的行动”和“重要启发”，把它带回家，贴在浴室镜子上，以便第二天起来最先看到它。

利用每星期的十五分钟团队问询通话，或者利用电子邮件，追踪询问，看看谁能把自己得到的“重要启发”应用到自己的工作中去。

“R”表示认可

我们大多数人都喜欢受到夸奖。因此，应及时认可人们的成绩，让团队里的每个人都能有良好的自我感觉。

及时了解每个人的进步和团队的进展，让人们感到自己的成绩非常了不起。如果你珍视自己的团队成员，你就总会有办法认可和鼓励他们的进步。

新加入的成员总是比较脆弱的，因此要格外注意他们。如果有哪位新成员的招募人没能参加会议，一定要安排他坐在你最热心的团队成员旁边。要让客人感到自己非常受欢迎。请邀请他们前来的人向与会者介绍自己的客人，并且表达自己的感激之情。

设法在自己表达认可的时候添加各种“佐料”，譬如，用“存钱罐”游戏的方式，确实会有效地提高团队成员的创造力。

让大家各自找来一只玻璃瓶或罐子，里面可以存放一些钞票，把它带到会场上。每月邀请团队成员汇报自己工作成绩的时候，就为他们每人存入一美元。

例如，每次出席会议添加一美元，为每个新签定的合约投入一美元（如果能带来新招募的成员，再加一美元），为每个达到一千元以上销售额的人投入一美元，为每个拿到快速启动奖励的人投入一美元，或者为带来一名客人投入一美元。

给每个为“团队存钱罐”创收的成员，相应于他们创造的每一美元，发给他们一张彩票。对于取得显著成绩，刷新最高业绩的人，可以投入十美元，相应给他们十张彩票。这样做就意味着，他们做得越多，他们赢取重奖的机会就越多。

会后，问问谁没有参加投币，因而得知谁可以把所有奖励带回家。你必须“赢得”至少一美元，从而避免失误。这样做，你可以激励团队成员至少为获得赢得大奖的机会付出努力。

“K”表示知识

通常，适当的培训，就会产生很大作用，不一定逊于长时间的专门训练，因此，正式培训时间至多有三十分钟即可。

无需在产品信息上多费功夫。培训重点应放在：

这种产品会如何改变我的生活？而不是面面俱到地讲述所有技术细节。

某个团队成员所做得热情洋溢的评议，比采用 PowerPoint 展示的质量鉴定证书效果好得多。

把每月目标分解成以星期为单位的若干较小目标，有利于更及时、更经常地鼓励团队成员的工作。

始终要强调，赚取现金比赚取百分比要强，因为你无法消费那个百分比。

向人们解释清楚，直销会何等迅速地赚取现金，也有助于众人努力推销，增加收入。譬如：如果你每年服务一名顾客赚取的收益为 200 美元，那么，假如你每年得到的签约客户是 10 名，你一年就能赚得 2000 美元收入；如果你每举办一次聚会能赚取的收益为 150 美元，每星期两次聚会就能赚取 300 美元。

在你外出寻求演讲者之前，应尽可能在团队内部培养能言善辩的成员。外来的讲演者固然会为你的会议带来新奇的见解和意外的动量，但是对他们也需要慎重选择。一定要选择有过直销经历的演讲者，或者支持直销事业的人。

演讲者纵能说得天花乱坠，若是离题万里，对你的团队也毫无益处。我听到过不少糟糕的演讲者的故事，他们狂热地宣讲自己对某专业的钟情和为之付出的努力，结果引得听众纷纷效仿，各奔东西。俗话说，“邻家的草坪看着更绿”，但你绝不希望自己的团队成员重走老路吧。

“L”表示笑声

要把快乐作为每次活动的重要议程。团队成员应经常分享幽默的逸闻趣事，郑重其事的会上也不可缺乏插科打诨，活跃气氛。如果你天性矜持，不苟言笑，那就请一位外向、活泼的团队成员来协助你，为你的团队会议注入轻松、愉悦的元素。

游戏常常可以为正式活动增添趣味，有助于强化人们彼此沟通、联络的技巧。这里有几个思路可供参考：

★ 邀请所有人带来自己幼儿时期的照片，混在一起让大家相互辨认。

★ 分发一些纸张，让与会者写下有关自己的一些不为人知的轶事，然后所有人把写好的纸片放入一个袋子里。挑选一位诙谐活泼的团队成员，大声朗读那些纸片上书写的内容，让众人猜测每一个秘史究竟是谁人所为。

★ 要求几个人猜测某件新产品的价格，或者某一层级领导者的平均年收入，或者谁是当月创下最高销售额或招募新人最多的人……总之，在你宣布这些指标之前，先让大家猜猜看。

★ 分小组就一个主题进行提问–回答式挑战游戏。

★ 把团队培训做的像大众现场秀一样活跃、风趣。

业务会议上，还应鼓励人们交流、探讨社会上的新闻事件和趣闻轶事。每年还至少应有一次会议允许团队成员的伴侣、孩子等家庭成员参加。每个业绩骄人的直销员背后，一定有家人的鼎力支持；相反，有了家人的经常性参与，直销员的工作定会得到更多支持。

"E" 表示激情

成就来源于人们的激情，你的团队会议，固然应当富于趣味和资讯，更重要的是，激发人们的创造热情。千万不要在一间沉默枯燥的房间里开会。摆放各种陈列品，设置异彩纷呈的视觉媒体，五光十色的气球，装饰彩链，带有欢迎词的条幅以及轻快的音乐，都会瞬间改变会场的气氛。

每次会议尽可能设计一个激励性的主题，把它与公司的激励项目——如奖励旅行——结合起来。倘若你们的活动周期与公司条例规定差距较大，可以另找适当的主题。

分发一些并不过分破费的小礼物，也能活跃会场的气氛。譬如：为业绩最好的直销员戴上皇冠样的饰品；让合格的领导者佩戴肩带；或者组织所有人享受一次激励性外出游玩。

★　★　★

以上就是能让你的团队会议有声有色的闪光点（SPARKLE）。倘若会议开得枯燥乏味、拖沓漫长或者充斥着毫无意义的信息，人们很快就会心烦意乱，毫无兴致了。

相反，如果你的会议充满情趣和吸引力，你的所有成员都愿意到场，而参加会议之后，他们的工作业绩会加倍提高。倘若你的会议枯燥无趣，他们干脆不来参加，你说不定要费多少工夫才能了解他们乃至帮助他们呢。

每一位会议策划者都应知道：要让人们前来参加你的会议，你首先要让自己的会议具有足够的感召力。

第十八章

充分利用电子工具

最大限度使用电子通讯工具，利用高科技达到高效联络。

——玛丽·克里斯坦森

技术革命或许已经极大改变了商业运作方式，但这不等于你能驾轻就熟。在精密复杂的商业环境里，只会用简单的通讯方式联系自己的顾客、动员对象和团队成员，就远远不够了。你还必须有能力密切接触他们，传递引人注目、鼓舞人心的信息。利用高科技手段最大限度地接触到工作对象，你就能同时在这两个领域获得进步。

你的网站

动员人们登录你的网站，欢迎他们订购你推销的产品，通知聚会的消息，还可以在网页设计上下更多功夫，尽可能拓展你的业务：

★ 永远告诉自己，人们都是带着很高的期望值来访问你的网站的。你展示的东西越是引人入胜，人们停留其间的时间就越长。

★ 你能吸引他们注意力的时间恐怕只有几秒钟，因此，要把自己的主页设计得富于魅力，能瞬间给人强烈、鲜明的印象。

★ 你的网站就是你本人的写照，因此要保持你平日与顾客和动员对象直接交流的风格。

★ 文本部分过长，会影响信息传递的效果。尽量减少每页的字数，让段落短小精悍，利用着重符号强调关键信息。

★ 贴图、照片永远比文字更吸引眼球。一幅你本人和家人在迪斯尼游乐园的合影，附上“我实现了自己的梦想！”之类的文字，比一段文字游记更有感召力。

★ 在文本中尽量给出各种相关内容的有效连接，让登录者能够方便地访问你所介绍的任何东西。

★ 随时询问对方的消费意愿。为了让洽商更有人情味，可以附带赠送一个折扣优惠或赠送一些带有温馨感的小礼物，鼓励对方尽快决定交易。

★ 确认一下，你的网站是否可以用手机登录，以便人们随时可以方便地分享你的商机。

电子邮件

电子邮件并不意味着单调乏味。参考这些建议，尽量改善你的电子邮件，使之易于引来人们的注意、点开、阅读和回应：

★ 选择一个接收方很容易认出和记忆的网邮地址，譬如：davewalker38@aol.com 或 nikkijones40@live.com。

★ 在邮件“来源”栏里填入你的姓名。我们大多数人在打开某一个信封前都会快速浏览邮箱内所有标题。如果你的邮件称谓不够明确，很可能被人扔进垃圾箱。

★ 基本的礼貌不可忽略。永远记得把收件人的姓名写在开头(譬如：亲爱的尼基)，并在结尾打上自己的姓名 (祝好，戴维)。

★ 你若不想别人把你的信件转存到“稍后阅读”栏，就尽量使文本短小、明晰。不然的话，你的信息很可能被接收者邮箱后来的大量信息掩埋，以致永远不为人知。

★ 让收信人易于看懂的信息。密集的文字很容易让对方的目光一掠而过。短小精炼的句子，适宜的段落间隔会让你的邮件更有可读性。

★ 利用拼写检查功能确保文字、语法的正确。如果快速、精确输入文字不是你的长项，那就先在线下编写和编辑好文稿，然后把它们粘贴到电子邮箱里去。你无法为错误百出的文本找到借口的。

★ 发送邮件之前再考虑一下。如果你没有把握，暂时先把邮件清空。

★ 不要过度热衷于润色。滥用大写字母、花哨字体、怪异图标以及大量惊叹号不见得会赢得多数人的好感，况且，人们使用不同的浏览器或操作系统打开邮件时，很多额外的符号可能根本无法显示出来。

★ 尽可能不用业内行话、技术术语或缩略语，除非你想惹毛你的收件人。你本人当然知道那些术语或缩略语的意思，对方可不一定会“自动解码”你的信息。

★ 随时根据信息内容更新主题栏，以便收件人对你发送邮件的目的一目了然。我每天会收到数百封电子邮件，但我只会打开那些清楚说明来函目的的邮件。

★ 用主动语态写信。例如：不要这样写：本周你的日历上是否还有空闲时间容你来共进午餐？最好这样写：本周你能来与我共进午餐吗？

★ 在文本中贴入有效连接，让对方可以直接点入你提供信息的网址。

★ 信尾，在你的签名下方，附注你的“办公时间”，以便对方能在最适宜的时候与你联系。

★ 利用旗标选项存储重要的来信。

电子时事通讯

电子时事通讯是一个非常省时、迅捷的信息发布方式，可以随时把消息发布给所有顾客和相关人员。可参照下列建议来制作大多数电子时事通讯：

★ 尽可能多收集电子邮件地址。你的联系面越广，商机就越大。

★ 不用去购买线索。如果你无法建立自己的人际网络，那么利用公共通讯册上的线索联络成功的可能性也不大。

★ 如果你的公司可向你个人提供时事通讯，而且可以直接发给你的顾客，你可以注册申请它。这样，你无须创建自己的商务网页，可以更有效地利用自己的时间去追踪客户反应。

★ 如果你创建了自己的信息发布时讯，就一定要持续更新，及时反映当下的业界动态。它的内容越翔实，收件人阅读的可能性越大。

★ 保持通讯文本的短小精致。每次推介的产品不要超过一、两种。

★ 不要用大量概括性信息冲击你的联系对象。应针对顾客、聚会主办人、团队成员、直销新星以及下级团队领导者，创建不同的网络群组，然后，根据各群体的兴趣特点，有选择地分别发送相关信息。

脸书（FACEBOOK）

脸书的用户已经超过一亿，善加利用，显然会成为强大的商业工具。你若能同时拥有两个脸书账号，就更理想了：

★ 第一个用来创建对顾客、聚会主持人和发掘对象开放的页面。以随机而自然的方式，鼓动顾客登录你的脸书页面，引导他们有兴趣参看你的产品功能介绍。

可以让大家分享你的个人生活动向，有利于展示你个人商务成功换来的崭新生活方式。不过，过多的私人内容可能会冲淡你的商务信息。

★ 第二个账户可做成你团队内部使用的专门网页。你和你的团队成员可以在这个安全的内部网页上交流消息、见解、工作进展以及其他信息。这不仅有助于构建集体意识，它也是一种最快的沟通方式，还可以用来及时肯定人们的工作以及发布公司的最新奖励政策。

网络会议和电话会议

如今，距离已经不再成为商业活动的障碍，你可以随时随地通过互联网和手机与自己的团队成员联络，而且费用低廉。

这些手段足以保障你的团队不会漏掉网络议事、网上培训课程、电话会议或者视频会议：

★ 尽可能使各种活动令人兴奋。譬如电话会议，你看不到自己的听众，他们也看不到你。因此你必须努力获取人们的关注和兴趣。如果你留给大家的印象是刻板无趣，你很快就会失去所有听众。

★ 如果你需要做的事情比较简单，最好利用免费的服务方式。只要有免费的服务，就没理由花钱租用其他服务。

★ 规划好你的常规性联系时段，因而团队成员可进一步安排他们自己的每周工作计划。星期一早晨，利用十分钟打个电话，宣布一些即时消息，振奋一下团队士气。另外，每个月起始，可以用三十分钟打电话，支持每月一次的团队会议。

★ 为你团队里的新星计划出额外的电话交流时间。这些通话时间的长短取决于你是否在主持实时会议。我建议，每月中期打电话一次，激励众人下半个月的工作，每月终期，应打电话给团队成员，评价工作进展，策划下个月的工作。

★ 在与每个人单独通话之前，不要忘记关闭电话等候功能，以免你的通话受到干扰。

★ 避免使用免提功能。因为它太容易采撷背景噪音，影响录音的质量。

★ 同样原则也适用于你的手机。但如果手机没有信号，或者无法联系上对方，所有与会者都会失联。

★ 主持电话会议或网上培训活动的时候，可提前五分钟对所有参加者表示欢迎，并且随机与最先拨通电话的成员随意交谈片刻。过程中间，你可以多做几次自我介绍，以便后参加进来的人知道是谁在主持会议。

★ 鼓励团队成员参与实时电话会议，录下会议内容，提供给未参加会议的人或希望重新听一遍的人。

★ 围绕四个核心要素“FIRE”来计划你的电话会议议程：

“F”表示要“有趣（Fun）”。如果你在电话里讲得太枯燥，你的听众可能就转而去洗衣服或查阅电子邮件去了。

“I”表示启发（Inspiration）。分享个人和团队成功的故事，激励你的团队成员产生更多意愿，并为此付出更多努力。

“R”表示认可（Recognition）。不失时机地认可任何人取得成绩并给予某种形式的奖励。

“E”表示教育（Education）。二十分钟是最大限度的培训时间。如果你的电话充斥大量沉闷的信息，谁也没有时间和耐心来消化它们。

博客

博客是一种增加你商务的可视性，促进事业发挥的有效途径。然而，在你开始写自己的博客之前：

★ 确信自己有事可说

★ 写东西不要冗长啰唆，以免令人厌烦

★ 从你的目标客户的角度思考和写作

★ 如果你感觉自己正在和不对路的人交流，尽快退出

★ 避免可能引起纠纷的言论。哪怕有一个人受到冒犯，也是令人极为不快的

在这个充满不确定性的世界上，唯有一件事是肯定的。科技会越来越多地改变你和人们交流的方式。不要因为自己因循守旧而错失成功的机会。应解除头脑的禁锢，拥抱新技术带来的巨大便利。

如果你对运用新技术感到吃力，可以在家人、朋友的帮助下充分利用社交圈。必要的话，也可以花钱学习。只需少量投资，获取高质量的资讯，未来的获益是难以估量的。

也不可因粗心和懒惰抵消了原本可从技术进步获得的优势。新技术会帮助你获得经营上的优势，但你一定要记住，它们只是工具，而且只对能够应用它们的人有效。

要记住，最新的东西未必就是最好的。而且，适合我的东西也未必适合你。你应尽量试用各种新技术，直到发现能让你工作最有效率的类型。

当你的竞争对手不遗余力地发掘能使他们的工作、生活变得简易、快捷的高新技术，你也应努力成为驾驭高新技术的领导者，至少要学会用利用电子工具构建和强化你与顾客群以及团队成员的密切关系。可以把高技术手段与广泛、迅捷的人际网络接合起来，充分利用电子商务带来的优势。

第十九章

搭建自己的平台

推销自己，拓展市场。

——玛丽·克里斯坦森

直销是一个与人际关系密不可分的商业形式，因此，你的人际关系就成了你最有价值的资产。你在目标市场中的运作知晓率、可见度和易接近程度越高，你就越容易创建更大的人际网络。

商品展示和其他事务

时间永远是你最宝贵的资源，你必须学会合理利用。尽管你很希望自己的商务网络四通八达，然而从成本和时间的效益来看，在你住地及其周边地区建立关系网络是最合算的。

先确定自己想要达到的经营规模（基于你愿意跑多远的路），然后在网上寻找商品展示、职业洽商以及社区活动。你可以通过输入关键词来缩小查找范围，譬如：（城市）名称+事件+销售方式。当地的商务会所、商业联合会、学校、学前班、幼儿园以及各种俱乐部，都会有各自举行活动的时间表。

不要忽视各种小型活动。越是人们密切关联的活动，你从中建立联系的机会越大。

如果你能主动争取到主持一些活动的工作，你就能充分利用它们。最好能把这些活动与你推销的产品联系起来，譬如：如果你推销的是美容产品，就可以举办一个露天选美活动；如果你推销运动用品，你就可以举办一个社区运动会。

你越早制订计划，争取到固定折扣率和有利推销地段的可能性越大。宣布赠送礼物给最先走近你展亭并与你交换名片的五十个人，有利于引起更多人对你推销点的注意。确使与你互换了名片的人们前来兑现礼物。另外，送礼物给匿名者，对你建立商业联系的帮助不大。

还要想到社区其他活跃人士。各种活动的主持者肯定与他们所在社区的人们有密切的联系，因此要主动和他们联络和沟通。他们很可能成为你最有价值的业务线索。

如果你想在大型展览会上设置展台，要尽可能把它设在人们最容易看到的位置。转角处或者接近展厅入口处都是人流最多的地方。当然你的展台不可阻碍进入展览会的人群。可以把商品展台设置在一边或背后，你本人站在前台，迎接每个走近的来访者。如果地方足够宽松，应设立自己展厅的入口和出口，以便顾客能在你的展台前逗留和攀谈。

如果有儿童到来，要准备一些能够引起他们兴趣的简单活动，譬如填色比赛，以便给他们的父母留出时间与你们交流。

你的目标是在人群中引起广泛的注意，因此请记住下列几点建议：

★ 多花几分钟，与部分人建立亲善关系是一个精明的策略，这比带回家一大把没有把握的线索强得多。利用换取小礼物的机会与对方交换名片，会赢得很多潜在的联系客户，不过，随后的电话联系也不一定能引出多少实质性成果。

★ 再没有询问对方联系方式之前就提供资讯或样本，等于白白扔钱。一定先要下对方的姓名、电话号码以及电邮地址，以便下一步联系随访——无一例外。

★ 你制造的声势越大，光临你展亭的人越多。尽量让他们在展台前多流连一会儿，以便你有时间与他们建立攀谈、交流，让他们了解你的公司，对其产生兴趣和好感，乃至最终能建立联系。

– 紧肤霜！
– 补妆材料！
– 品味台！
– 判断香型！
– 迷你体检仪！
– 营养测定装置！
– 你喜欢哪种风格？
– 你喜欢烹饪哪种风味的饭菜？
– 你的家居装饰属于哪种风格？
– 你是不是太不注意自己的皮肤保养了？
– 免费试用！
– 烹调样品试尝！
– 给孩子们的小礼物！
– 快速抢答！

★ 如果你正在现场讲解，要安排出一个“无需等待”的约会签名册，让那些希望另外安排时间前来问询的顾客写下自己的约定。送给每个签约顾客一张可以兑现小礼品的卡片，会增加他们再次前来的几率。

★ 不要因与某个人攀谈过度而忽略了在场的其他人。为了不出现这种情况，你可以让前排几名团队成员在展亭里帮你接待顾客。如果你们所有人都忙得不可开交，看到有新人路过，也应尽可能加以注目，送去微笑，并表示：感谢你等在那里。我一分钟之后就过去。

★ 把明亮的光线安排在展台前方，以吸引人群的注意，但即使如此，也不可仅仅在原地等待观众前来。如果展览会规则允许，可以让几名助手走到人流中去，发放免费样品或折扣优惠券，邀请顾客到你的展亭来看个究竟。

布设展示商品要少而精。你本人应该成为吸引未来顾客、主持人以及团队领导者的中心，因而不要把光线一概投到商品上面。事先把你的产品介绍和聚会信息放入色彩鲜艳的提袋，并用漂亮丝带做成装饰结，以便更容易吸引人们的眼球。把所有装备好的提袋整齐地排列在展台下方，易于引起人们注意和问询。

还可以把一些简单的小礼物，如：优惠券、化妆品、保健品或咨询服务邀请单等，随机放入那些资料提袋。当遇到欣然签约参加聚会或预约洽谈的、较有潜质的顾客，可以邀请他们挑选自己喜欢的礼品袋。

你始终要提醒自己，你的主要目的是主持眼前的活动，发掘潜在的领导者和可以联系的客户。应参照第四章和第五章的提示多加练习。

★ 联系

★ 交流

★ 延续

搭建自己的商务展示平台

如果你已经缔造了一个直销专业的网络，你就可以组织自己的洽商会了。

选择你周围最热心、最有人缘的同道，成立一个组织委员会，负责驱动整个项目，并且根据他们各自的特长和经验分配任务，并与主要的供应商取得联系。

参与活动的直销员越多，就会有越多的潜在客户和加盟者光临你的展亭。应努力使所有来宾都感到自己备受尊重。

如果说一个展示会确有必要，那就更有必要办好它。展厅要适当装饰，无需昂贵，但求赏心悦目。冬天提供巧克力热饮，夏季提供冰镇饮料，还可以给小孩子们的饮料杯上添加小糖果。独家提供的特惠则必须在可能吸引大量来访者的情况下才应给予。

通过邀请地方企业的赞助，你还可以降低自己的经营成本。

银行，会计事务所，场地提供者以及你的分销商都乐意和成功的企业家打交道。你提供的东西越有价值，前来观看的人就越多。倘若你的小礼品由热心的主办者提供，你的主办成本就更低了。

你甚至可以邀请市长光临（要知道，所有公务员都需要更多露面机会）。利用这种机会邀请众人参加名人合影，你相当于得到了免费宣传。

社交媒体

社交媒体是传播信息最快捷、最廉价方式，但也是一个过于拥挤的舞台。

如果你真打算开发一个严肃的电子商务战略，你完全可以得到无尽的资源来推广自己的市场信息。如果社交媒体在你的市场推广中确能起到支持作用，你就可以参照本书第 18 章推荐的要点去做。

随时注意用电子媒介接收业界创新的消息。一旦发现自己感兴趣的东西，立即把它纳入自己电子商务市场的开发选项中去。

不过要记住，社交媒体不会自动替你工作。直销工作最后还是要落实到你的一双脚上，你需要自己面对目标，走上前去。

筹措资金

非营利机构是没有富余资金的，因此当你决定与谁合作时，你将面临很多选择。学校、学前班、运动队、小乐队、童子军以及社区支持项目都是集资的首选目标，如果顺利，你整年都能从中找到活动机会。

从各种活动现场集资。会带来更多建立人际网络的机会，只是需要投入更多时间和精力。它们是你展示商品、推广商务的好机会。而且，你推出的东西越有价值，前来问津的顾客就越多。虽然，你是否要主持产品推介、品尝、咨询或时装秀，最终取决于你代理的产品，但只要你能扩大人们对相应产品的关注，公司会尽可能支付你主办活动的各种成本。

利用第三方集会集资。你可以把自己收益的一部分捐献给某项活动的组织者，作为交换，你可以利用他们的支持网络散发产品目录和订单表格，这也是一个比较省时的做法。只要你推广做得好，而且方便人们的订货，你的销售量肯定会大增，只不过，你需要付出较多努力去创建联系渠道。

这两种集资、推销形式，都与数字有关。在你展示自己商品的同时，应请组织者参与进来，分享推销收益。譬如说，有一百个参与活动的人购买了你推销的产品，以平均每人消费 50 美元计算，共产生 5000 美元的销售额。如果你对该活动的捐赠比例为 20%，那么活动主办方应得份额为 1000 美元。

活动组织方的参与越积极，他们从集资推销中得到的收益就越大。可以选择一项很快就要举行的活动，譬如，秋季州际总决赛拉拉队长的竞选活动。

成功进行集资推销的关键在于，不要让组织者感到压力过大，这样你就还有可能受到邀请。

从你自己商品展示会的销售额中抽出一定比例，捐给一项有意义的事业或活动，这也是提高你声誉的另一种简单途径。

如果你动员团队力量参加活动，你们受到媒体报道的机会也会增加。你甚至可以用引人注目的标题发布自己的消息：

本地商业经营者联手支持军人家属

创业者联合举行假日附赠礼品的展销会

门可罗雀的主街商厦变成万头攒动的假日乐园

这个夏天，工艺工坊特为家庭增添奇趣

开口讲话

信息传播是你事业的一部分，每一个创业者都有自己的传奇故事。你可联系各地的专业人员和服务团队，争取在他们举行的集会上讲话。倘若你的言辞诙谐有趣，妙语连珠，你走到哪里都会大受欢迎。

不要显得过于急切。提前三四个月约定讲演日期。你肯定不想等到最后一分钟才约定，或甘当候补，等另一名演讲者临时爽约时做救火队员。联系洽商之前，先准备好自己的照片、履历以及现在的业务概况。先做一番调查，尽可能了解对方机构或团队的细节。谁也不希望听到与自己生活毫不相干的宏论。

不要急于搬出自己推销词。你的目的是与人们建立新的联系和友好关系，生意上的事情来日方长。

你的言行举止越是得体，专业派头越足，现场发挥越是机智、风趣，你就越有可能再三被其他团队请去演讲。

必要文案

把你的尊姓大名和自己信奉的座右铭见诸文字，对你的事业和团队士气都有提升作用。倘若你的故事深受听众欢迎，现实的问题是，大多数新闻记者都想要一个现成的、生动有趣的热门故事。

读者喜欢对时事的新鲜见解，不过要记住，一边倒的看法谁都不会感兴趣。如果你正想论证以家庭为基础的经营方式的优势，一定记住，在摆明种种优点的同时，也要列出它面临的挑战，譬如：需要长时间集中关注，很容易被琐事分神。

不要羞于讲述自己的成功。你的故事可能鼓舞其他人奋起改变他们的生活：

> 我举办的聚会，让我的家庭还清了债务。

我的集资活动为女子足球队增加了2000美元收入。

我们挽救了自己的家庭。

本地三位母亲赢得了免费旅行的机会。

家乡创业者赢得了民族企业的名号。

要了解你的读者偏好，注意文章的“语气”；交稿之前，留意一下该媒体对文章长度的要求。参照好文章的三个准则检查一遍你的文章：

1. 修改！
2. 修改！
3. 修改！

劣质文章是对读者的冒犯。自己写的文章，很难由自己看出毛病，因此最好在发表前，请其他人以客观的目光帮你检查一遍。

在页面上附上你们举行活动的照片，会有效为你的文章添色；不过，呆板的大头像或产品陈列照不会带来好效果。要确保你选用的照片有较高的解析度，否则很难被录用。

推销自己

推广自己商务的最有效办法就是每天对外宣传自己的个人活动和商务活动。

你的言行举止，一定要注意礼貌、体现良好的专业素质，并且随时对他人表示真心的关切，这样才能给你遇到的每个人留下良好的印象。

不要遮遮掩掩，试图保守什么“商业秘密”。尽量让大家透彻了解你做的事情以及你加盟的公司。因而，只要人们想到那家公司，自然就会想到你；只要他们看到你的产品，也会立即想到你；每当他们与你们公司系统内的人打交道，也很容易联想到你。

你在一个社区里越是为众人所常见，受人们尊敬和爱戴，你的事业发展就越快。这才是市场推广的真正秘诀。

第二十章

正直诚实的工作态度

清楚自己需要做什么，而且要清楚自己去做的时候需要了解些什么。

——玛丽·克里斯坦森

你为启动直销商务而自我装备的全部知识和素养，并不足以维持事业的长远发展。在起步阶段，大多热情高涨，干劲十足。然而，如果没有良好价值观的支撑，这种状态不可能持久。

价值观决定了你是怎样的人以及你如何经营自己的事业。以诚实、正直的精神去经营自己的事业，你就会吸引所有善良的人。作为诚实、正直的领导者，你也会受到团队成员的尊敬、爱戴和信任。人们尊重的不是任何头衔。也就是说，你必须自己去赢得尊重。无论你显得多么有学问，多么能言善辩，人们最终还是要以你的行为作为判断依据。如果你体现出的是浅薄、低劣、随波逐流的价值观，你绝不会赢得人们的尊敬和信任。

建造、引领并管理自己的商务，这一切都需要建立在信任的基础上，而所有的信任，只能源于你的信誉、真诚和始终如一。

清楚自己肩负的道义，生意上的事情自然好办。良好的行动源于良好的决定，而良好的决定，源于良好的价值观。

下列条目或许可以帮助你评估自己的可信度、诚实度和持久性。

测试你的可信度：

- □ 我是否能为自己做的事情感到骄傲？
- □ 我会经常公开表达自豪感么？
- □ 我是一个友好而易于接近的人么？
- □ 我是否能对他人急于赞许、缓于抱怨？
- □ 我承诺的事情是否都能做到？
- □ 我是否对自己的所有行为负责？
- □ 我是否会为自己的错误道歉？
- □ 我是否能经常赞许或感谢他人？

测试你的诚实度：

- □ 人们能指望我信守诺言吗？
- □ 我对他人是否真心关切？
- □ 我是否在意他人的感受？
- □ 我是否重视他人的见解？
- □ 我能坚守自己的信念吗？
- □ 我能拒绝对他人飞短流长吗？
- □ 我是否善于原谅他人？
- □ 我是否乐于让步？
- □ 我能待人如己吗？

测试你的持久性：

- □ 我能同等尊敬所有人吗？
- □ 我是否能永远坚持做正确的事情，而不仅仅在方便的时候？
- □ 我能在任何时候、任何人面前都始终如一吗？
- □ 我每次都能周到服务于每一个人吗？
- □ 我是否能在任何时候不遗余力地工作？
- □ 我对自己拥有的一切是否怀有感恩之心？
- □ 我会为他人的成功感到开心吗？

□ 我能坚持说到做到吗？

用诚实和正直构筑事业的每一层面

诚实和正直，不是可以随意开关的东西。倘若你损害了公司的信誉，与竞争者发生冲突，挥霍了自己的机会，对营销的商品夸大其词或轻慢了提供服务的人，你就会失去自己的信誉。

正如爱因斯坦（Albert Einstein）所说："在小事上不诚实的人，在大事上绝不值得信任。"

你可有很多途径把诚实、正直的秉性植入自己的事业：

★ 慷慨地给予，展示你的信念超越赢利。倘若你的经济实力不允许你慷慨解囊，至少你能贡献自己的时间。

★ 你的付出，永远要超过你的所得。我们是在和我们尊敬的人们打交道，因此要计划好，每年至少一次为自己的社区做出贡献。最简单的办法就是集合自己的团队，支持地方经济。

★ 制作一份清单，列出餐馆、咖啡店、零售店、银行、加油站、健身所、温泉浴所、美甲店以及美容店等地区经营场所，然后号召团队成员择日到尽可能多的经营场所去消费。

★ 鼓励你的团队成员选择统一的服饰，并且在自己的车身上贴上你们的商务标志，以便扩大影响。事先制作好简单的名片，印上你们各自的姓名、联系方式以及一段简单的宗旨宣示，譬如："我们支持地方经济！"走到哪里，发放到哪里。

★ 扩大声势，带上各自的配偶、亲友和孩子们一同到上述经营场所消费，还可以去慰问当地消防站、行政公署或警署，奉送一些小点心，表达感激之情。

★ 类似地，还可以选择一天，为社区做一些善事。譬如：打扫公共场地、向当地辅助机构的居民奉送礼物。以感恩、慷慨和善良的意愿为宗旨来经营自己的事业，你就不会走偏。

★ 如果你的产品属于可以试用的，你可以把自己的名片与样品一同交给顾客，以便人们记住你们的公司。

★ 慷慨对待你的直销同事，不要把自己的聚会搞成私密活动。可以邀请那些业务联系尚未形成的人前来参加自己举办的聚会。

★ 有人打算离开直销团队的时候，应宽容友好地对待他们，感谢他们此前做出的贡献，给予他们良好的祝福。长此以往，他们终将记得你的善意。

★ 不要割裂个人品格与商务准则。我们可以参照著名专栏作家安·兰德斯的建议："真正可以衡量人格的地方，在于他如何对待一个对他全无益处的人。"

★ 按时偿付自己的账单，驱车上路注意礼貌和谦让，慷慨给予服务小费，等等，都是不可忽视的小节。

逆境更考验人品

事情顺利的时候，人们很容易表现得体。然而，真正考验你领导技能的，是在危机时刻，如何保持冷静，正直、果敢地解决问题。直销是一个与人密切相关的事业，因而也是一个极不稳定的事业。即使你本人不去节外生枝，任何事端出现，也都需要你担当责任、控制危机。

倘若出了故障，不要归咎任何人，也不要把它看作个人事务。事情平顺的时候，人们都能保持良好的心态。然而在出现严峻挑战的时候，如何面对和处理，方显你的英雄本色。

我们不妨看看任何个人经营者都可能遇到的一些令人非常惶恐的特殊状况：

问题：你的一名团队领导者转而加入了其他公司，而且反过来挖你的墙脚，把你的团队成员勾走。

解决方案：你的第一个本能的反应很可能是惶恐，担心这件事会对自己的事业产生什么影响。这很自然。你遭到了自己内部人的背叛。现在最重要的是，不要让这个伤口感染扩大，形成致命威胁。

直销业参与者的素质良莠不齐，过去确曾有一些似乎缺乏忠诚基因的人参加进来，而忠诚，恰恰是长期奋斗实现成功所必需的素质。有时距离成功只差最后的一步努力，有些惯于走捷径的人，却轻易放弃，改换门庭了。这种现象其实各行业都会出现，直销业当然不会例外。

他们的问题要比你的严重多了，他们在正直和道义上的缺失，是导致他们辜负你信任的根源。从长远的角度看，没有他们，你的事业会发展得更好。

然而短时间内，你必须行动起来，控制住局面。

依据自己高尚的行为准则思考和行动，你一定能超脱这种困局。我这里有几点建议：

★ 不要放弃。短期内你可能失去了一些人，但是，只要你遵循本书列出的相关原则，你还会而且必将重新构建起自己的队伍。

★ 不要把时间浪费在怨天尤人上。现在正是你展现自己领导力的时候，你树立的形象是至关重要的。把伤痛放在一边，集中精力去发挥积极的影响。

★ 不要记恨个人。你应当超脱冤冤相报的层次。

★ 对那些制造麻烦的团队成员，应私下与之交流看法，首先表明自己的态度：你愿意友善地解决问题。

★ 从上线获得支持，或者寻求你公司的帮助，从机构上解决你的困难。有时，即使有个人能听你诉苦，也是莫大的帮助。

★ 昭示真相。召集团队的所有人，对他们讲明情况。公开、如实回答他们提出的疑问。保持冷静的头脑和自信，重申要奋斗成功的决心，确使人们恢复工作状态。

★ 尽力强化你和团队成员之间的关系。只要众人团结一心，你们的事业就有能力抵抗未来的任何打击。

★ 除了上述措施，最重要的是不要忽视你的核心事务。日历上排满的活动日程，会确保你的商务继续蓬勃发展。

当然，上面这个例子只是一种极端状况，你不一定会遇到如此糟糕的局面。但是要记住，凡遇到棘手的状况，要尽量看到光明的一面。幽默感就是人们为了从黑暗中看到光明前景而发明的。

倘若你对自己考虑的做法犹疑不决，可以从下列几个方面检验它们。检验的答案会告诉你究竟应该如何裁决：

★ 公之于众——如果你的做法被刊登在时代广场的广告牌上，让所有人都能看到，你感觉如何？

★ 揽镜自照——面对镜子，你是否为对面那个注视着你的人感到骄傲？

★ 换位思考——换一个角度想象，自己是否会满意那些行为带来的结果？

仅仅采取行动还不够。你的行为还必须受到人们的检验。你不可能依靠两套价值观经营自己的事业，同时又想赢得人们的尊重。没有人规定你必须永远正确，但可以肯定，所有人都希望你诚实和正直。

你的事业承载着高尚的目标，因此要勇于为任何事承担责任，无论好事或坏事。永远不要动辄怪罪他人，即使他们未能履行自己的承诺。寻找替罪羊，还是寻找解决问题的办法，你应该做出选择。

有些时候，失败是无法避免的，但是每一次失败都是一次学习的机会。你没有失败过，你就不曾超越过。

你有权力选择自己如何工作，以及和谁一起工作。但是你的团队成员来自四面八方，带着不同的价值观走到一起。尽管你无法控制他们做的每件事，你还是可以建立一套明确的行为准则——什么是可以接受的，以及什么是不可接受的行为。同时，也要把尊重他人作为你事业的支柱。

涉及个人道德和商业道德的问题，必须是非分明，毫不含糊，这样你才能赢得人们的尊敬。高尚的行为准则，一定会点点滴滴浸润你的整个系统。

第二十一章

智慧理财

经商就要遵从真正的商业规则。

——玛丽·克里斯坦森

以家庭为基础的商务，自有很大的经济优势。你不仅可以控制自己要赚多少钱，你还可以控制自己的积蓄。智慧地管理和使用自己的钱财，你就会赚取和积累更多的财富，让自己的辛勤劳动换回实实在在的收益。

个人资金和商务资金要明确分开

你经营商务使用的信用卡、借记卡以及银行账户，要单独建立和使用，每星期你可以从中拿出一笔钱，作为自己工作的酬劳。如果你需要更多的钱，可以直接从你的商用账户向你的个人账户转账。

不要犯那种低级错误，既：把所有经营收入都当作个人小金库而随便使用。假如你随时用它来购买生活用品、零食或带孩子享用美餐，很快那些钱就会悄然蒸发，你连自己究竟挣了多少钱都搞不清了。

每当有人因配偶不支持其事业而向我求助时，我常常发现，配偶大多是觉得他们的生意不赚钱。这类人的银行对账单经常显示，进账很少而出账很多，由此可以理解配偶的担心了。

配偶只是没搞清楚，赚回的钱都用在日常生活消耗上了。因此，在你的直销收入没有存入银行之前，先不要零敲碎打地随意支取。

确保你的商务合法化

要确保你的商务获得适宜的注册、经营许可和相关保险。如果你需要了解到哪里去获得这些必要手续，你驻地的市政厅应该是提供咨询的最可信机构。

不要浪费钱财

所有白手起家的“百万富翁”都会告诫你：一定要监控自己的花销。不要让你辛辛苦苦赚回的钱财被不必要的奢侈、铺张或疏忽大意吞噬殆尽。

★ 经常检查自己用于基础服务的开支，比如电话和互联网的费用。如今市场竞争激烈，因此总会有大量的服务方提供优质而廉价的服务。一旦发现这样的机会，想着告诉大家哦！

★ 选择高折扣的廉价保险，减少住宅、商务和汽车的保险费用。可以利用“一揽子保险方案”，把大多数保险项目放在一家，可以享受较高的折扣价。

★ 不要受公司推出的各种新产品广告的诱惑。只购买你能消费得起的东西，或是三个月以内可以售出的东西。如果你愿意保留几种产品，要注意选择那些流通快的东西。

★ 总体上要选择比较廉价的供货商，但着眼点是他们商品和服务的卖点，而不是他们自身的卖点。

★ 不要购买超过自己需要的货物。批量购买，对消耗快的商品比较适宜，但如果消耗周期过长，批量购入就不是一个好策略。

★ 不要浪费笔墨和纸张。印刷任何东西之前都要三思，选择最快捷的方式处理大多数文件，纸张要两面打印。使用过的文件也可以循环利用，比如当作便签、字条。

★ 预定会议室时要与宾馆协商。如果你不能压低租价，或许能讨价还价，得到免费住宿的机会，你可用来奖励自己的团队成员。

比较廉价的选项是在当地经营的会所或俱乐部，租用他们的场地、设施。

★ 不要忘记带上商家的优惠券。如果你打印了两张优惠券，在你购物的商场里递给同一通道里正在浏览商品的某位顾客，或者在收银台排队时站在你前后的人，你就可能创建一个新的业务联系。和蔼、关切的姿态很容易引来愉快的交谈。浪费机会就等于浪费钱财。

★ 时间同样不能浪费。你需要更多时间来打理自己的生意。把你所有的业务资料预先放入一个袋子里；一趟外出，顺便多办几件事；电话里交谈简明扼要；一定要把大部分时间用在有价值的事情上，而不是谁想占用你的时间都可以随便。

★ 尽量节省路途上的时间。每一次不必要的旅行都会增大你的经营成本。

合理避税

使你收入最大化的最有效途径是尽可能少纳税。仅靠消费折扣价商品减少消费税，解决不了多大问题。

对自己的支出要有一本详细记录。经验告诉我们，如果你的支出发生在你赚取收入的时候，你可以要求免税。

尽量用借记卡、信用卡或者可以打印支出明细的电子转账等支付方式。永远假设自己会被要求证明所有开销均为合理的业务需求。消费之后立即记录在案，把所有发票和单据整理、保存至少一个月。

以现金支付小额项目，也要索要收据，哪怕最不起眼的数目，积累一年也很可观。每个月末，把所有现金支付收据放入一个信封，可以补偿你一定数量的损耗。不然的话，你只能等着年底准备税金返还。

你最大的减除额来自办公成本。申报办公成本减除，你的办公空间必须专用，而且常规性用于办公。大额开支，如计算机、电话和打印机之类，只要是为了办公而购置的，都可以申报税费减除。

持续性开支，如保险和设备使用、垃圾收集以及安全设施等，也都可以根据你用以办公空间的比例申请减税。

同样可以申请减税的方面还有保洁和系统维修费用。你甚至可以申请办公家具和办公空间装饰费用的减税。

私家车用于直销，也算是一项业务支出。清晰记录每一趟公务内容和里程，根据政府的规定申请相应里程的税费减免。这种减税比例经常有变化，因此要查询当时的里程税率规定。

如果你自家的车辆用于跑业务的时间超过 50%，你就可以申报全部支出的减税方案。做好外出办公的详细记录，复印所有加油站的收据、执照、保险单、修理费和保养费收据，准确计入你的车辆使用费，用作税费减免的依据。

另外，你去参加全国业界大会、领导者研讨会以及其他培训活动的相关费用，也可以申报税费减免。这里包括机票、出租车费以及其他交通工具的费用，以及住宿费、车辆租用费和餐费。详细记录自己每天的活动和开销项目，以便提供合理的旅行费用证明。某些税务顾问会建议你保留会议日程表，用以证明你参加的是合理的商业活动。

尽管你的会计师是最好的税务顾问，你还是有更多办法来减少自己的税费，譬如，可以申报减税的支出项目还包括：商业许可证、电话服务、市场推广、提高和培训材料、文具、印刷、复制、外包、广告、培训或会议的注册、互联网接入、创建网站、活动主持、场所维护、商业贷款和支出的利息及银行收费、用于推介、演示的产品或样本、礼品、奖励品和奖金、专家咨询（包括会计、簿记、税费统计、法律事务、保健、医疗、生活、个人债务保险、职业和网络协助、订购专业杂志和报纸、慈善捐资。

个体经营者，还可以利用各种可能的储蓄形式，以你能够承受的量级，为自己积累退休基金。

一定确保按时递交税金返还清单，并在规定日期内缴纳税费。

如果你想聘请专业的税务顾问，选择一位对个体经营有经验的专家。但不要把自己的全部责任都推给第三方。税务顾问工作的依据是你提交的所有信息，你义务了解自己应该申报什么，不应该申报什么。

你了解得越多，你就越有信心做好自己的税务返还资料。有关个体小商业经营者义务的信息，最可靠的参考资源见于以下网址：www.irs.gov/businesses/small/index.html。

你辛勤工作赚来的收入，你有理由最大限度地保有。严肃对待自己的权利和义务，你就会满意地发现，你得到了自己应得的一份，而且分文不多。

更精明地理财

摆脱了缠身的债务，你的世界会有多么大的变化？

负债会打消我们大多数人开办商务、获得财务自由的念头。背负过多的债务，你就牺牲掉了这份自由。

可以把一份债务减免计划放入你的经营计划中。如期偿还信用卡上的欠款；借钱买东西之前一定想清楚日后自己是否有能力偿还。保卫自己的家庭安全，你需要定期从自己的收入中拿出合理部分存入救险基金，以备各种意外之用。

认真考虑，假如你不能工作或你的配偶失去工作，或者任何一人需要长期医疗护理甚至死亡，你的家人用什么办法生活下去。不预先建立自己的救险基金，是危险和愚蠢的。

经商就要有经商的样子，要像你严格管理自己的商务那样，严格管理自己的钱财。不要浪费在不必要的地方，或者脑子一热，随意花费。打开钱包之前一定要三思：我真的需要这件东西吗？坚持节俭的生活方式，你就能积累起足够的财富，实现自己最高的生活梦想。

结语

祝贺你！这本书为你提供了必备知识可以使你把自己的直销业务做到最高境界并拿到公司所有的奖励。现在需要你把这些知识运用到自己的事业中去，直至收获这一行业所能给予的最大回报。

然而知识永远没有穷尽。最聪明的学生也会告诉你，毕业的时刻，意味着另一学习过程的开始，而不是结束。

你的所学，加上你的所为，才会让你改天换日。

唯有最勤奋的直销员能够始终不渝地争取实现最高理想！你需要竭尽自己的每一点决心和毅力，才能争取进入他们的行列。

这也是各行各业成功者所必需的品质，无论在学术界、商界，还是在体育界和娱乐界。

梦想家和践行者的区别就在于是否能百折不挠地坚持走完既定的行程。

我心目中的英雄是一个在新西兰长大的孩子，埃德蒙·希拉里（Edmund Hillary）爵士。他是第一个攀上世界最高峰——珠穆朗玛峰的人。他的成就使他成为国人的偶像，鼓舞了无数新西兰人，使他们认识到一个真理：你从哪里来的并不重要，重要的是你要到哪里去。

无论我们想要得到什么，只要我们愿意为它付出努力，或许就可能因此而成就一番伟业。

珠穆朗玛峰海拔 29000 英尺，吸引着所有冒险家，他们都想有朝一日站在世界屋脊之上。

攀上最高峰，这不是懦弱者敢于面对的挑战，却也无法阻止无数攀登者每年向目标进发。

完成第一阶段攀登，到达大本营对所有人来说，已经是一个了不起的成就，也是每一个矢志攀上世界屋脊的登山者重要的里程碑。

尽管被叫做北坡大本营，它并非设在山脚下，实际上它已经在海拔 17000 英尺的山坡上了。能登上这一高度的人已经显示了到达顶峰所需要的精神和体力上的坚韧和耐力。然而下一半征程，很难预计会出现何种艰难险阻。珠穆朗玛峰自有独特的生态系统，谁也不知道某一天的某一时刻会发生什么。登山者唯一能确定的，就是一切都无法确定。

从营地出发的时候，天气状况可能还相当理想。走到半路，天气就可能骤然变得恶劣，那样他们就别无选择，只能返回。

他们决定，等暴风雪过后，再一次向最后的 12000 英尺高度发起进攻。不过，每一次暴风雪过后，都会给他们留下新的险阻。巨大的冰墙会挡住他们计划好的攀登路线，那样他们就只好另外探寻向上的路途。雪崩、隐蔽的裂隙、浓密的阴云以及随疾风而来的冰屑，一切都考验着登山者的勇气和毅力。

每一个登山者都知道，你无法控制雪山上的环境，你只能控制自己如何对付那些挑战。支撑登山者勇往直前的，是那个值得为之竭尽全力的目标，以及志在必得的决心，任何艰难险阻都不在话下。

我们做事业亦同此理。成功与失败，就在一念之间——是否百折不挠地坚持下去。无论要坚持多长时间，无论发生什么事情，都不可退缩。

我们同样要以值得为之奋斗的目标和志在必得的决心来装备自己。我们还应认识到，周全的策划未必是成功的保障。不可预见的变化，有时可能难以回避，却也可能是超常提升你各种能力的难得机会，让你更有实力迎接新的挑战。

全球经济目前正在经历一个艰难的阶段，然而直销业在世界各国都在迅猛发展。无数人在寻找你所能提供的这种机会。

2012年，世界直销协会联盟（WFDSA）发布的年度统计数据显示，直销业在世界范围增长了10%，总销售额将近1540亿美元。

在美国，直销业增长率为4.6%，显然超过3.9%的总体经济增长率。在澳大利亚，过去三年间，直销业的年销售量持续以12.5%的速度增长，与之相比，同期全国零售业的增长仅为4.1%。

你在商界经营的时间越长，你就可能经历越多的经济上的潮涨、潮落。你自己的状况也会不时发生变化：有时你觉得自己在快车道飞奔，一帆风顺；有时候你好像被卡在了慢车道，举步维艰。

你必须积极回应遇到的挑战，不让自己被出乎意料的挫折击败。你不能指望用同一种方式做事却得到不同的结果。当周围状况改变，你也必须改变。

你唯一不能改变的是对自己理想目标的追求。你要对那些被你带入直销事业的人们负责，让他们看到最好的你——绝不会在向最高峰攀登的途中被失意、迷茫以及意料之外的险阻打败。

请给你自己一个成功的承诺，并信守这个诺言，为此你要随时警惕和摆脱任何阻碍自己事业发展的想法和做法。

另外，不要惧怕失败。不愿担风险，你就不可能战胜挑战。对此，艾丽卡·琼（Erica Jong）的见解非常独到："问题是，如果你什么风险都不敢担，你的风险将是全方位的。"

领导者的成长之路没有尽头。他们必须始终如一地寻找提高自己的途径。当你感到畏惧或灰心丧气，不要指望周围的人或事会自动改变，需要改变的是你自己。

无论你多想达到目标，无论你为它付出了多少，只要你坚持和重复自己的错误，你就无法向自己的目标迈进。不要只顾埋头工作，忘记经常评估自己做的事情。新鲜的思想会给你的事业带来清新的空气和生命的活力。如果某些做法不起作用，那就换个做法试试。

每年开初时要问自己：

> 去年有哪些事我今年还应继续去做？
> 有哪些事我今年应该做得比去年更好？
> 我要做哪些不同以往的事？

我们时不时感到没有把握、忧心忡忡，这很自然。不要怕暴露自己脆弱的一面。掩饰我们性格的一部分，这也是一种不诚实。为真实的自己和真实的进展感到骄傲吧，有心成长，你就很好。

直销行业面临的最大挑战之一，是曾获成功的领导者不能或不愿进一步提高自己的水平去培养未来的新人。你不再向前发展，你就成了这项事业的累赘，如同任何企业的 CEO，倘若不再引领行业的发展，他就变成了累赘。

不要停下探索自我成长路径的脚步，也不要停止探索更有效经营事业的方法。你的事业给了你改变生活的强大力量。尽你最大的力量去做每件事，这是你事业的开端。

我们不一定要去征服高山，但我们必须征服自己。

——埃德蒙·希拉里爵士